100 kreative Dinge,

die Ihr Kind gemacht haben sollte

Inhaltsverzeichnis

Holz

Naturmaterial

Recyclingmaterial

Digitale Medien

Liebe Leserin,
lieber Leser,

in den letzten Jahren hat sich ein neues Bild vom Kind durchgesetzt. Durch die Erkenntnisse der Lernforschung wissen wir, dass Kinder sich von Anfang an der Welt zuwenden und sich mit ihr aktiv auseinandersetzen. Dabei spielen die Sinnesorgane eine zentrale Rolle. Mit den Augen, den Händen, den Ohren, der Nase und dem Mund erschließt sich das Kind seine Umwelt. Vielfältige sinnliche Eindrücke vermitteln ein Erfahrungswissen, welches das Kind im Laufe seiner Entwicklung vergleicht, ordnet und mit seinem Vor-Wissen verknüpft, d. h. beim Lernen wird Neues mit Bekanntem verbunden. Die Lernforschung der letzten Jahre konnte nachweisen, dass Lernen immer mit dem Umstrukturieren und Verknüpfen von Erfahrungen verbunden ist. Jede neue Erfahrung gleicht einem Mosaiksteinchen, mit dem sich das Kind seine Welt aufbaut und erweitert. Durch das Hantieren und Greifen begreift das Kind die Welt, es staunt über den Gegenstand und entwickelt eine Vorstellung von einem Begriff.

So gesehen, ist die Tätigkeit des Kindes nicht nur Hand-Arbeit, sondern eine ernst zu nehmende Gedanken-Arbeit. Für die erwachsenen Leserinnen und Leser wird dies spürbar beim Betrachten der Fotos. Der Ausdruck der Kinder verrät eine gezielte Hinwendung, eine Konzentration und Vertiefung in die Sache, ein Staunen über das Ergebnis und ein Nachdenken über die Zusammenhänge – das sind Momente ästhetischer Erfahrung, die für die geistige und körperliche Entwickelung elementare Bausteine darstellen.

Was bedeutet das für die Arbeit mit diesem Buch?

Unterstützen Sie das Kind beim forschenden Experimentieren, bei der unkonventionellen Auseinandersetzung mit der Welt. Werden Sie selbst kreativ in der Rolle des/der Anregers/-in, des/der Förderers/-in und Materialbeschaffers/-in. Regen Sie das Kind an, Erfahrungen mit den Augen, Ohren, Händen und der Nase zu machen. Fordern Sie es zum Vergleichen und Erinnern auf, was z. B. sieht , riecht usw. gleich oder ähnlich. Fragen Sie, wie man etwas machen könnte. Lassen Sie das Kind bei der Arbeit selbstständig nach Lösungen suchen und diese erproben. Die praktische Tätigkeit und die gedanklichen Überlegungen bilden eine Einheit. Abläufe muss man planen, dazu muss man sich an gemachte Erfahrungen und gesammeltes Wissen erinnern und dieses mit der Lösung der neuen Aufgabe in Verbindung bringen. Das ist eine eigenständige Denkleistung, die weit entfernt ist vom Nacharbeiten einer Anleitung.
Auch in diesem Buch finden sich Anleitungen zum Nacharbeiten, sie sind jedoch als Impulsgeber für die Betreuer/-innen der Kinder zu verstehen. Suchen und finden Sie mit dem Kind eigene und neue Lösungswege. Verändern Sie das Materialangebot, die Technik und erleben Sie die Veränderung des Ergebnisses. Begleiten Sie das Kind beim „Arbeiten", erleben Sie das Scheitern und unterstützen Sie den Neubeginn – das ist Lernen für das Leben!

Prof. Dr. Ulla Gohl-Völker

Liebe Eltern,

Kinder sind von Natur aus neugierig und experimentierfreudig, daher fällt es ihnen leicht, kreativ zu sein. Sie brauchen nur etwas Material, einige Hilfsmittel – und vielleicht ein bisschen Anfangshilfe oder eine Idee, in welche Richtung die Bastelarbeit gehen kann. Sie zeigen Ihrem Kind einen Papierflieger und plötzlich hat er Augen und Zähne aufgemalt und fliegt als gefährlicher Drache durch die Luft. Ihr Kind entwickelt Vorgaben weiter, wenn Sie ihm die Freiheit lassen. Für Kinder haben die Dinge eine Seele und sie tauchen schnell ein in die Welt der Fantasie.

Wir geben Ihnen in diesem Buch hundert Anregungen, wie Sie mit Ihrem Kind kreativ werden können. Natürlich muss niemand alles hundertprozentig nachbasteln. Es gilt, Neugier zu wecken und den Blick zu erweitern für Gestaltungs- und Entfaltungsmöglichkeiten. Kreativität zeigt sich in der Schaffung von Neuem aus Altbekanntem. Sie ist eine Schlüsselkompetenz in der heutigen Gesellschaft und hilft Ihrem Kind, sich einen Platz in der Welt zu schaffen.

Jedes Kapitel dieses Buches stellt Ihnen Ideen zu einer bestimmten Materialgruppe vor. So können Sie je nach Lust oder Vorrat ein Material auswählen: Vielleicht möchten Sie an einem aufregenden Tag zwischendurch etwas Ruhiges mit Papier gestalten. Oder Sie möchten Spannungen abbauen und arbeiten körperorientiert mit Holz. Vielleicht haben Sie auch bei einem Herbstspaziergang im Wald einige Fundstücke gesammelt und möchten sie kreativ verwenden. Im jeweiligen Kapitel finden Sie zahlreiche Anregungen. Wenn Sie sich mit einem Material intensiv beschäftigen, können Sie Ihren Ideen dazu freien Lauf lassen und mit Ihrem Kind in alle Richtungen experimentieren. Schauen Sie einfach mal, was Kreatives dabei herauskommt.

Beharren Sie nicht auf Perfektion und helfen Sie nicht zu viel. Aus dem bunten Fingerfarbengemälde mag ein brauner Kreis geworden sein, in das Täschchen passt nur noch ein Euro statt einer Taschentuchpackung... Das macht nichts! Ihr Kind hatte Spaß und wird seine Werke stolz präsentieren. Damit legen Sie Grundsteine für selbstmotivierte Entwicklung und Neugier auf Wissen und Bildung. Sammeln Sie die Ergebnisse Ihres Kindes: Bilder und Collagen können in einem Sammelordner aufbewahrt werden, größere Projekte können zunächst genutzt oder aufgestellt gelagert werden und später in einem Karton mit der Aufschrift „wertvolle Erinnerungen“ auf dem Dachboden.

Alle Bastelarbeiten üben unterschiedlichste Hand- und Fingerbewegungen, schulen die Auge-Hand-Koordination und die Konzentration. Ihr Kind erwirbt motorische Fähigkeiten und bereichert zudem sein Denken, seine Sprache, erlangt Wissen über Materialien, Zusammenhänge und physikalische Eigenschaften. Es lernt nach und nach, stillzusitzen, sich zu konzentrieren und zu gedulden – und das ganz ohne Ermahnungen. Es schärft die Wahrnehmung und die Sinne und stärkt mit jedem selbst geschaffenen Objekt das Selbstvertrauen in die eigenen Fähigkeiten. Und nicht zuletzt verbringen Sie Zeit mit Ihrem Kind – einer der schönsten Aspekte. Also basteln Sie einfach drauflos – das Wichtigste ist, dass Sie gemeinsam Spaß haben!

Sandra Grimm

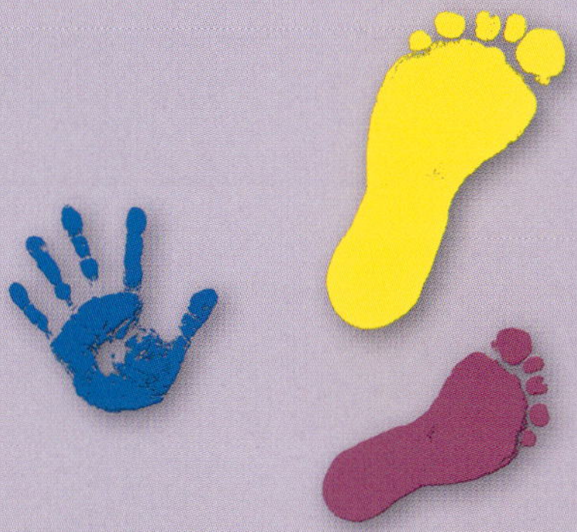

Farben

Alle Kinder mögen es, mit Farben zu experimentieren. Stifte, Fingerfarben, Wasserfarben, Acrylfarben oder Kreide machen die Welt bunt. Beim Umgang damit lernt Ihr Kind viel über die Wirkung von Farben, über Kontraste und das Farbspektrum. Die Techniken des Auftragens schulen Motorik und Sinneswahrnehmung. Zudem nähern Kinder sich beim Malen an schulische Kompetenzen wie Schwungübungen, Symbolerkennung und Linienführung an. Eine ganzheitliche Förderung, die Spaß macht!

1 Stifte ausprobieren

SIE BRAUCHEN:

• Zeichenpapier • Stifte aller Art (Wachsmalstifte, Bunt- und Filzstifte, Bleistifte, Marker etc.) • evtl. kleinen Tonblumentopf

Sie denken beim Thema Malen immer nur an Kinderbilder von Häusern mit Bäumen und zwei Menschen davor? Dann probieren Sie doch mit Ihrem Kind mal etwas Neues aus! Ziehen Sie mit einem Stift einen Strich ohne abzusetzen: große Schlangenlinien und Kreise. So entstehen viele kleine Kästchen, die Sie zusammen ausmalen können. Oder kritzeln Sie einfach drauflos. Spielen Sie auch Montagsmaler: Ihr Kind soll raten, was Sie malen. Testen Sie die verschiedenen Stifte aus. Was sind die Unterschiede? Mit welchen Stiften kann Ihr Kind am besten eine Hand oder einen Fuß umranden?

Ihr Kind kann auch einmal einen Buntstift in einen umgedrehten Blumentopf stellen und den Stift wild hin- und herbewegen. Schauen Sie gemeinsam nach: Wie sieht das Bild aus? Sie können auch mehrere Farben nacheinander nehmen – so entsteht ein kunterbuntes Bild!

Tipp:

Kinder sollten immer Gelegenheit haben zu malen: Richten Sie eine frei zugängliche Ecke ein, an der immer Malutensilien bereitliegen. Das kann eine Kiste neben dem Küchentisch sein oder ein Maltischchen im Kinderzimmer.

GESPRÄCHSANREGUNG:

→ Das Malen mit verschiedenen Stiften fühlt sich ganz unterschiedlich an. Kann Ihr Kind beschreiben, wie? Sie können den Unterschied sogar hören: Welches Geräusch macht ein Wachsmalstift? Wie hört sich ein Buntstift an, der übers Bild kratzt?

FÖRDERUNG:

✓ Feinmotorik (Stifthaltung), Farben lernen, Kräfteeinsatz, Muster und Ordnung erkennen

Farben pusten

SIE BRAUCHEN:
• Zeichenpapier • Wasserfarben • Wasser • Pinsel • Strohhalme

Ihr Kind füllt den Pinsel kräftig mit Wasserfarbe und taucht ihn danach kurz in das Wasser. Nun tropft es dicke Farbtropfen auf das Papier. Dann nimmt es den Strohhalm und pustet die Farbe auseinander. Wohin fließt sie? Tropfen Sie gemeinsam verschiedene Farben auf und lassen sie diese beim Pusten durcheinanderfließen.
Ist die Farbe trocken, kann Ihr Kind das Pustebild mit dem Pinsel ergänzen: Wie sieht das Muster aus? Lässt sich ein Igelkörper daraus zaubern? Oder ein Vulkanausbruch? Oder vielleicht ein Feuer speiender Drache? Der Inhalt einer Schatzkiste?

GESPRÄCHSANREGUNG:

→ Was könnten die Pustelinien darstellen? Ihr Kind hat bestimmt tolle Ideen. Geben Sie nicht zu viel vor, regen Sie die Fantasie nur an, z. B.: Könnte das ein Tier sein? Sind das Tierspuren – von wem nur? Oder sehen die Linien aus wie bunte Haare?

FÖRDERUNG:

✓ Beobachtungsgabe, Fingerfertigkeit, Körperwahrnehmung (Luft dosieren), Farberkennung

Tipp:

Nehmen Sie ein langes Papier oder ein Stück einer Tapetenrolle. Nun tropfen Sie eine richtig dicke Farbpfütze. Machen Sie einen kleinen Wettbewerb: Auf die Plätze, fertig, los: Wer pustet den längsten Farbfluss?

Mit Wasserfarben malen

SIE BRAUCHEN:
• Zeichenpapier • Wasserfarben • Wasser • Pinsel • Schwamm • Wattestäbchen • Zweige • Tannenzweige • Federn

Schon kleine Kinder lieben es, mit Wasserfarben zu malen. Schnell sind große Flächen gefüllt, oft läuft die Farbe herrlich durcheinander. Probieren Sie gemeinsam aus, welche Muster so entstehen können. Wie viel Wasser muss man hinzugeben? Wann ist es zu viel?

Benutzen Sie außer dem normalen Pinsel auch andere Werkzeuge zum Malen: Was geschieht, wenn Ihr Kind die Farbe mit einem Schwamm aufträgt? Oder mit einem Wattestäbchen malt? Es kann auch den Finger direkt in die Wasserfarbe und dann aufs Papier drücken – so entstehen schöne Punkte! Ebenso können Sie draußen Zweige, Federn, Tannenzweige und Gräser sammeln – wie lässt sich damit die Farbe verteilen?

Ihr Kind kann auch in jede Hand einen Pinsel nehmen und mit beiden Händen gleichzeitig malen. Klappt das?

Tipp:
Großformatiges Papier, Pappkartons oder Tapetenrollen eignen sich prima für ein überdimensionia-les Bild. Oder Sie hängen das Papier mal an eine geeignete Wand, das ist es ein ganz anderes Malerlebnis als am Tisch.

GESPRÄCHSANREGUNG:

→ Probieren Sie gemeinsam aus: Welche Farbe passt zu welchem Gefühl? Welche Farbe würde Ihr Kind nehmen, wenn es fröhlich ist? Oder wenn es traurig ist?

FÖRDERUNG:

✓ Feinmotorik , Farbenlehre, Fingerfertigkeit

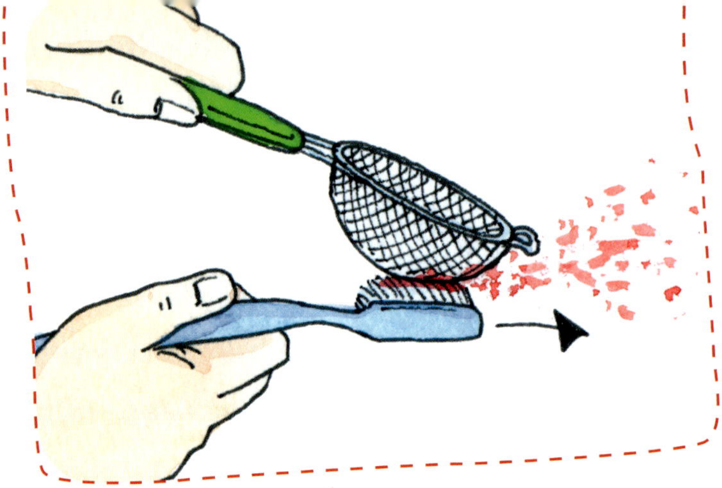

Spritztechnik

SIE BRAUCHEN:
• Zeichenpapier • Wasserfarben • Wasser • Zahnbürste • feines Sieb, z. B. Teesieb • Schablonen aus Tonkarton

Machen Sie eine alte Zahnbürste etwas nass. Nun reibt Ihr Kind die Bürste über die Farbe. Dann streicht es mit der Zahnbürste an dem Sieb hin und her. Das spritzt wunderschön! Je flüssiger die Wasserfarbe, desto mehr fließen die Farben ineinander. Je dickflüssiger, desto feiner werden die Pünktchen.

Zeichnen Sie Kreise, Figuren (z. B. Schneemann, Auto, Hase) oder Muster (z. B. Zickzacklinien, Wellenlinien) auf Tonkarton. Ihr Kind kann sie nun ausschneiden und legt sie vorm Spritzen auf das weiße Papier. Dann spritzt es darum herum. Schneiden Sie auch einmal die Buchstaben für den Namen Ihres Kindes aus. Wenn Sie die Pappe entfernen, haben Sie ein wunderschönes Namensbild!

GESPRÄCHSANREGUNG:

→ Tauschen Sie sich darüber aus, wie am besten gemischt wird. Welche Farben sehen am schönsten zusammen aus? Lassen Sie sich einmal Tipps von Ihrem Kind geben.

FÖRDERUNG:

✓ Fingerfertigkeit, Konzentration, Farben mischen, genaues Beobachten, Formen und Muster erkennen

Tipp:
Wer schon geschickt im Spritzen ist, kann auch seine eigene Hand auf das Blatt legen und mit der Zahnbürste in der anderen Hand drumherum spritzen. Oder Sie machen es gegenseitig.

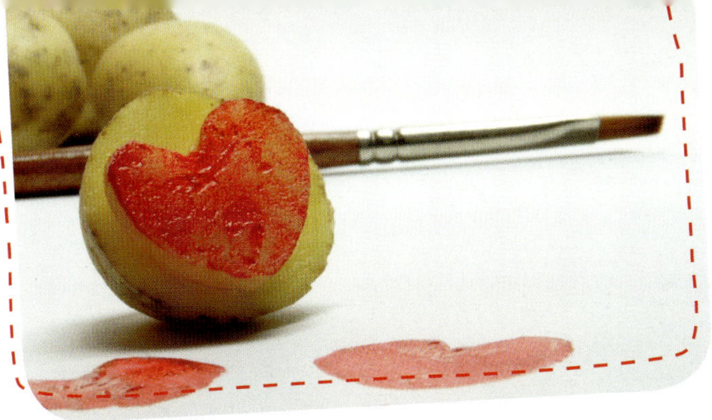

5 Stempel herstellen

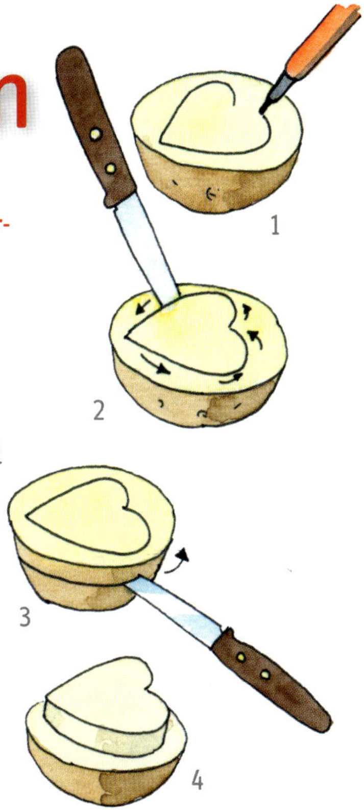

SIE BRAUCHEN:

• Zeichenpapier oder Tonpapier • Kartoffeln, Äpfel, Korken • Wasser- oder Temperafarbe • Pinsel • Küchenmesser

Stellen Sie zunächst die Stempel her: Schneiden Sie z. B. eine Kartoffel durch. Zeichnen Sie ein Herz auf die Kartoffel. Nun ritzen Sie mit dem Küchenmesser zunächst von oben die Linien ca. 1/2 cm tief ein – dann schneiden Sie seitlich an der Kartoffel ein. Übrig bleibt die Herzform. Ihr Kind kann mit dem Pinsel Farbe auf den Stempel streichen und dann losdrucken. Stellen Sie verschiedene Stempel her (z. B. Blumen, Sterne, Wolken, Zahlen, Buchstaben).

Überlegen Sie gemeinsam, womit Sie noch stempeln könnten. Mit einem Korken, etwas zerknülltem Papier oder Stoff vielleicht?

Tipp:

Geben Sie Ihrem Kind ein großes Blatt etwas festeren, bunten Papiers. Nun kann es munter losstempeln. Trocknen Sie das Papier – Sie können es prima als Geschenkpapier verwenden! Vielleicht machen Sie thematische Stempel: Weihnachten (Kerzen, Tannenbaum, Stern), Ostern, Geburtstag etc.

GESPRÄCHSANREGUNG:

→ Mit welchen Materialien lässt sich besonders gut stempeln und warum? Wie oft kann man stempeln, bis die Farbe erneuert werden muss? Ihr Kind wird zum Stempelexperten. Sprechen Sie mit ihm über seine Erfahrungen.

FÖRDERUNG:

✓ Handmotorik, Beobachtungsgabe, Geduld, Symbole und Muster erfassen.

6 Kleckbilder

SIE BRAUCHEN:
• Papier in verschiedenen Größen • Temperafarbe • Pinsel oder Wattestäbchen

Falten Sie ein Blatt Papier und öffnen Sie es wieder. Ihr Kind kann nun auf eine Hälfte des Blattes Linien, Punkte oder Flächen setzen, am besten mit zwei oder mehr Farben. Es sollte die Farbe großzügig auftragen. Dann klappt Ihr Kind das Blatt zu und streicht darüber hin und her. Wenn es das Blatt wieder öffnet, sieht es ein wunderschönes Klecksbild! Natürlich kann es auch auf beide Hälften Farbe geben, dann mischen sich die Farben mehr. Schön ist auch, das Klecksbild nach dem Trocknen zu einer Figur zu schneiden: Malen Sie auf das gefaltete Blatt die Umrisse eines halben Schmetterlings. Ihr Kind darf ihn ausschneiden – und öffnen!

GESPRÄCHSANREGUNG:

→ Schauen Sie gemeinsam: Was könnte das sein, was auf dem Klecksbild zu sehen ist? Ein Tier? Oder das Meer? Ein Vulkan? Spuren?

FÖRDERUNG:

✓ Fingerfertigkeit, Sinne schulen, Körperwahrnehmung, Farbenlehre

Tipp:

Kleben Sie die kleinen ausgeschnittenen Figuren auf Karten. Oder schneiden Sie eine farblich passende Pappe im gleichen Umriss zurecht, die aber 1 cm breiter ist. Kleben Sie das Klecksbild auf und hängen es an die Wand!

Leinwand bemalen

SIE BRAUCHEN:
• Leinwand • Finger- oder Temperafarben • Pinsel • evtl. Dinge zum Aufkleben (Federn, Seidenpapierstreifen, Glitzerpigmente etc.) • Klebstoff

Kaufen Sie eine auf Holz gezogene, nicht zu kleine Leinwand. Ihr Kind darf sie nun nach Herzenslust bemalen. Es kann schöne Bilder malen oder einfach Farben und Muster, wild und abstrakt, auftragen mit den Händen oder einem Pinsel oder einem Schwämmchen. Es kann die Farbe eine Zeitlang trocknen lassen und weitermalen. Geben Sie keine Vorgaben, lassen Sie es schöpferisch malen. Gut für kleine Künstler ist es, wenn die große Leinwand schräg stehen oder an der Wand hängen kann.

Tipp:

Vielleicht möchte Ihr Kind auch in 3-D arbeiten? Dann kann es z. B. Federn oder kleine Seidenpapierstreifen in die Farbe einarbeiten oder nach dem Trocknen aufkleben. Spannend sind auch Glitzerpigmente, die auf die noch feuchte Farbe gestreut werden.

GESPRÄCHSANREGUNG:

→ Besprechen Sie nach dem Malen das Bild: Was hat Ihr Kind gemalt? Wie war es, so eine schöne, große Leinwand zu bemalen? Wo soll das Bild jetzt hängen?

FÖRDERUNG:

✓ Feinmotorik, Fantasie ausleben, großes Objekt überblicken, Farbenlehre

8 Fingerfarben entdecken

SIE BRAUCHEN:

• Zeichenpapier • Fingerfarben • evtl. Klopapierrollen, alte Schachteln, Styroporball u. Ä.

Fingerfarben verbinden die Lust am Matschen mit der Lust am Malen. Ihr Kind kann zunächst mit einer Farbe probieren, wie ein Finger malen kann: Punkte setzen, Linien malen, Spirale. Dann kommen mehrere Farben hinzu. Das Bild wird bunter. Was geschieht, wenn jeder Finger eine andere Farbe hat und man die Finger in Kurven über das Blatt zieht?

Wenn die Hände schließlich kunterbunt sind, kann Ihr Kind mit der ganzen Handfläche malen: Es greift einen Styropor®-Ball oder eine Klopapierrolle und dreht sie zwischen den Handflächen hin und her. Schon ist alles bunt. Vielleicht basteln Sie zusammen aus den bunten Kugeln ein Mobile.

GESPRÄCHSANREGUNG:

→ Wie fühlt sich das Experimentieren mit der Farbe an? Mit welcher Hand malt Ihr Kind lieber? Was passiert, wenn es verschiedene Farben an zwei Fingern hat und diese aneinander reibt? Entdecken Sie es gemeinsam und sprechen Sie darüber!

FÖRDERUNG:

✓ Sinne schulen, Körperwahrnehmung, Feinmotorik, Farben entdecken

Tipp:

Füllen Sie etwas Fingerfarbe in einen Eierkarton, in jede Vertiefung eine Farbe. Sonst mischen sich die Farben in den Originaltöpfen durch das Eintauchen der bunten Finger sehr schnell.

Fingerfarben-Fensterbild

SIE BRAUCHEN:
• Fenster • Fingerfarbe • Folie, Zeitung o. Ä. zum Abdecken

Sicher haben Sie ein Fenster in Ihrer Wohnung, das Ihr Kind ein bisschen verschönern darf. Stellen Sie die Fingerfarben in Reichweite. Nun darf Ihr Kind malen. Sehr kleinen Kindern können Sie Umrisse grob vormalen, die es dann ausmalen kann (z. B. ein Haus, einen Kreis, einen Elefanten). Aber natürlich kann Ihr Kind auch einfach ein buntes Wirrwarr malen. Auch ein gemeinsames Projekt ist möglich: Die kleineren Geschwister malen unten das blaue Wasser oder das grüne Gras; die größeren malen das Schiff oder den Zoo darüber.

Tipp:
Decken Sie den Boden und evtl. die Fensterbank gut ab, z. B. mit Zeitungspapier. Fingerfarbe lässt sich aber auch leicht entfernen, solange sie noch feucht ist.

GESPRÄCHSANREGUNG:

→ Überlegen Sie vor dem Malen gemeinsam, was es werden soll – ein abstraktes Bild? Eine Landschaft? Wo auf dem Fenster kommt was hin? Ist genug Platz für alles? Wollen Sie ein Stück zum Hinausschauen freilassen? Lassen Sie Ihr Kind mitdenken und planen!

FÖRDERUNG:

✓ Feinmotorik, Kräfteeinsatz, Konzentration, logisches Denken

10 Handabdruck mit Fingerfarben

SIE BRAUCHEN:

• Zeichen- oder buntes Tonpapier • Fingerfarben • Pinsel • evtl. flache Schüssel • altes Tuch oder Handtuch

Wunderschön zum Sammeln und Nachverfolgen der Entwicklung sind Bilder mit Hand- oder Fußabdrücken Ihres Kindes. Seine eigenen Handflächen kann Ihr Kind gut selbst anmalen und dann am Tisch aufs Papier drücken. Bei den Füßen braucht es entweder Hilfe beim Pinseln – oder Sie stellen eine flache Schale mit Farbe bereit, in die der Fuß gesetzt werden kann. Platzieren Sie das Blatt für den Fußabdruck am besten auf den Boden (auf geeigneter Unterlage!). Legen Sie auch ein altes Handtuch bereit, denn es ist für Kinder schwer, das Bein sehr lange hochzuhalten. Probieren Sie aus, wie es wirkt, wenn die Füße eine Spur laufen (am besten auf einer Tapetenbahn) oder die Handabdrücke mit verschiedenen Farben kreuz und quer übereinander gedruckt werden!

GESPRÄCHSANREGUNG:

→ Während Sie den Fuß Ihres Kindes anmalen, hören Sie ihm zu: Kitzelt es? An welchen Stellen am meisten? Wie fühlt es sich an, wenn die Farbe trocknet?

FÖRDERUNG:

✓ Körperwahrnehmung, Sinne schulen, Grobmotorik, Geduld, Farben lernen

Tipp:

Ihr Kind kann auch mit Teilen der Hand drucken: nur mit der (evtl. gebogenen) Handkante, nur mit einem Finger, mit drei Fingerkuppen gleichzeitig – oder es „haut" mal mit der Faust auf den Tisch! Was gibt das wohl für Muster?

11 Farbe selbst herstellen

SIE BRAUCHEN:
Zeichenpapier • verschiedene Beeren • Gewürze in Pulverform (Paprika, Curry, Zimt o. Ä.) • Pinsel • Wasser • evtl. Zuckerguss und Kekse

Sie können Farben auch selbst herstellen: Ihr Kind kann einen Teelöffel Gewürzpulver (z. B. Paprika) in ein Glas Wasser geben und verrühren. Nun kann es die Farbe mit dem Pinsel oder dem Finger verteilen. Achten Sie auch auf den Duft des Bildes!
Im Sommer kann man aus Beeren Farbe herstellen: Einige Beeren in einem Sieb zerquetschen und den Saft in einer Schüssel auffangen. Welche Beeren ergeben welche Rottöne? Ihr Kind kann die Beeren auch direkt über dem Papier zerdrücken!
Schließlich gibt es noch eine besonders leckere Variante: malen mit Zuckerguss. Backen Sie gemeinsam Plätzchen (oder nehmen Sie z. B. Butterkekse). Rühren Sie Zuckerguss an – Ihr Kind kann mit Pinsel oder Spritztülle oder Fingern malen – und darf diesmal sogar die Finger ab und zu ablecken!

Tipp:
Es ist auch möglich, Fingerfarben, Druckfarben oder Temperafarben selbst herzustellen, mit Hilfe von Farbpigmenten aus dem Bastelgeschäft. Lassen Sie sich dort beraten oder fragen Sie einmal im Kindergarten nach bekannten Rezepten.

GESPRÄCHSANREGUNG:

→ Sprechen Sie mit Ihrem Kind über die Farben und Kontraste, die Sie sehen: Welches Rot ist kräftiger? Wie sehen die Bilder nach dem Trocknen aus?

FÖRDERUNG:

✓ Sinneserfahrungen, Körperwahrnehmung, Farben und Kontraste erkennen, Feinmotorik, Beobachtungsgabe

12

Kreidekunst auf der Straße

SIE BRAUCHEN:
- **bunte Straßenkreide**

Suchen Sie sich an einem trockenen Tag einen Platz, auf dem Sie genug Raum für große Malereien haben. Den Bürgersteig vorm Haus, einen Spielplatz oder einen Supermarktparkplatz (ggf. vorher fragen!). Nun malen Sie gemeinsam: einen Regenbogen, eine Sonne, Blumen, Wolken, Figuren etc. Oder Sie teilen einen großen Kreis in Stücke und jeder malt mehrere Flächen aus. Malen sie eine Themenwelt: z. B. eine Unterwasserwelt, das Weltall oder alles, was fliegt. Sie können auch einen Zug mit vielen Waggons zeichnen. In jeden Waggon legen Sie etwas hinein. Oder sie springen von einem zum anderen. Sicher fällt Ihnen gemeinsam noch viel mehr ein!

GESPRÄCHSANREGUNG:

→ Überlegen Sie mit Ihrem Kind: Wie lange bleibt das Bild stehen? Geht es kaputt, wenn ein Auto darüberfährt? Wie verschwindet es wieder?

FÖRDERUNG:

✓ Grobmotorik, großes Objekt überblicken, Planen, Geduld, Körperwahrnehmung

Tipp:

Es macht Kindern viel Spaß, mit Rädern oder Rutschautos auf Kreidestraßen zu fahren. Also malen Sie doch Straßen mit Kurven, Zebrastreifen, Kreisverkehr und Parkplätzen!

13 Kreide auf Tafel

SIE BRAUCHEN:

• Tafelfarbe • Pinsel • Kreide • Brett (Baumarkt)

Auf Tafeln malen ist schön, weil man immer wieder neu anfangen kann. Schaffen Sie sich Ihre Tafel selbst: Überlegen Sie gemeinsam, wo eine Tafel hinpassen würde. Nun brauchen Sie ein Brett in geeigneter Größe – klein für die Küche oder groß für Kindermalereien im Flur? Vielleicht ist auch eine Tür der Wohnung alt und kann als Riesentafel dienen? Oder Sie wählen eine lange Leiste für endlose Botschaften im Flur. Bemalen Sie das Holz mit der Tafelfarbe. Wenn sie getrocknet ist, können Sie mit Kreide darauf malen: bunte Bilder, schöne Sprüche, Formen, Muster oder Strichmännchen. Das macht fröhlich! Sie können auch eine kleine Tafel herstellen und sie an die Tür des Kinderzimmers hängen. Darauf kann Ihr Kind seinen Namen schreiben oder ein einladendes Bild malen.

Tipp:

Wählen Sie einen Aufbewahrungsplatz für die Kreide aus und schaffen Sie Regeln: Die Tafel wird mit einem bestimmten Schwamm nass abgewischt und dieser danach wieder an seinen Platz gelegt. Oder andere Regeln, die für Ihre Wohnung sinnvoll sind.

GESPRÄCHSANREGUNG:

→ Überlegen Sie sich für die Türtafel Zeichen, die das Gefühl Ihres Kindes für den Besucher spiegeln können: ein Smiley für gute Laune, ein Blitz für Wut, eine Träne für Traurigkeit – was für Gefühle fallen Ihrem Kind noch ein?

FÖRDERUNG:

✓ Handmotorik, logisches Denken, Geduld, Konzentration

Papier und Pappe

Papier und Pappe gibt es in unzähligen Varianten. Ob einfarbig oder bunt, gewellt oder gestanzt, dünn oder dick – jede Variante verändert das Bastelergebnis auf spannende Weise. Kinder können Papier falten, schneiden, zerreißen, bemalen, aufweichen – und immer wieder auf neue Art kreativ gestalten. Der Fantasie sind keine Grenzen gesetzt!

Zeitschriftencollage

SIE BRAUCHEN:
• alte Zeitschriften und Kataloge • Zeichen- oder Tonpapier in verschiedenen Größen und Farben • Schere • Klebstoff • verschiedene Stifte

Sammeln Sie alte Zeitschriften, Kataloge und Zeitungen. Versichern Sie Ihrem Kind, dass es alte Zeitschriften sind, mit denen es machen darf, was es will. Schon bald wird es reiße, schneiden und sammeln. Suchen Sie mit, geben Sie Anregungen, was man ausschneiden könnte: Figuren, Tiere oder Spielzeuge, einen Baum? Ein Stück vom Meer, Obst und Gemüse, Buchstaben, vielleicht auch ganze Wörter?
Später wird das Gesammelte angesehen. Vielleicht möchte Ihr Kind auch alles sortieren. Dann können Sie loslegen: Ein großes Blatt wartet darauf, beklebt zu werden. Ihr Kind kann eine Szene kleben (z. B. Ferien am Meer), einen großen Menschen aus verschiedenen Einzelteilen oder vielleicht ein Musterbild aus Farben? Sie können auch gemeinsam Dinge dazumalen. Wie wäre es, um die Tiere herum einen Zoo zu malen? Oder um die Lebensmittel einen Marktstand? Zu der Küstenlandschaft einen Leuchtturm?

Tipp:

Nehmen Sie Fotos oder Fotoausdrucke von der Familie und Freunden dazu: Ihr Kind kann seinen eigenen Kopf auf andere Figuren kleben und so zum Musikstar, Sportler oder Bergsteiger werden.

GESPRÄCHSANREGUNG:

→ Sprechen Sie über das Gesammelte. Was hat Ihr Kind bevorzugt ausgeschnitten? Warum? Lassen Sie ihr Kind beschreiben, was es geklebt hat. Vielleicht fällt Ihnen beiden eine Geschichte dazu ein?

FÖRDERUNG:

✓ Handmotorik, Konzentration, Zuordnung von Symbolen, Sinn für Ordnung, Ausdauer

Papiermodelle falten

SIE BRAUCHEN:

• Faltblätter in verschiedenen Farben • Stifte • evtl. Aquapapier (im Bastelgeschäft)

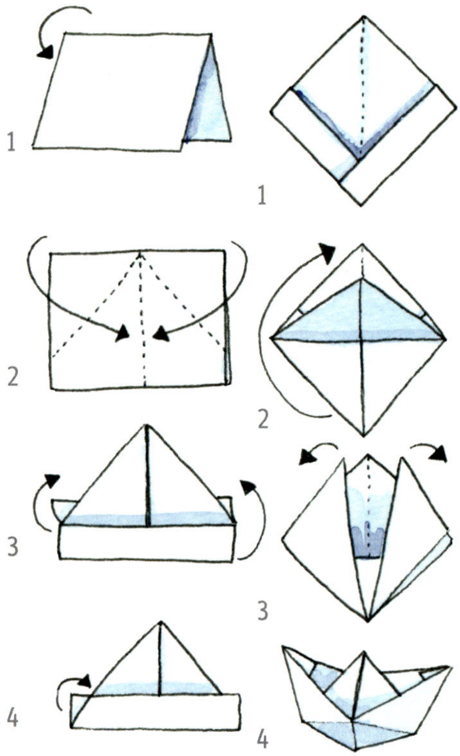

Nehmen Sie zunächst weißes Papier. Üben Sie gemeinsam das Falten: Falten Sie ein kleines Tisch- oder Namensschildchen. Dazu muss man schon recht genau Kante auf Kante falten. Falten Sie auch zusammen eine Ziehharmonika – und erinnern Sie sich noch, wie man einen Hut faltet? Falten Sie den Hut, ein Schiff oder ein Flugzeug (siehe Anleitung) zunächst vor, damit Ihr Kind das Ergebnis sieht. Dann kann es die Faltung selbst ausprobieren. Und vielleicht möchten Sie auch zusammen versuchen, ob das Faltmodell schwimmen bzw. fliegen kann? Aus speziellem Aquapapier gebastelt schwimmen die Schiffchen besonders gut!

GESPRÄCHSANREGUNG:

→ Singen macht Spaß und fördert Merkfähigkeit und Sprache. Versuchen Sie es gemeinsam: „Mein Hut, der hat drei Ecken, drei Ecken hat mein Hut. Und hätt' er nicht drei Ecken, so wär es nicht mein Hut!"

FÖRDERUNG:

✓ Fingerfertigkeit, Ideen entwickeln, Merkfähigkeit

Tipp:

Mit buntem Papier sehen die Figuren gleich noch einmal so hübsch aus! Vielleicht hängen Sie kleine bunte Schiffchen an einem Band untereinander vor das Fenster?

16 Geschenk einpacken

SIE BRAUCHEN:

• alte Zeitungen, Kataloge, Kalender • Geschenkpapierreste • Klebefilm • Geschenkband • Schere • Klebstoff • verschiedene Stifte

Geschenke einpacken ist schwierig. Trotzdem machen Kinder es sehr gern. Wählen Sie eine einfache Form zum Verpacken aus (z. B. Kiste, Buch) und geben Sie Ihrem Kind Übungspapier und viel(!) Klebefilm. Gewiss bekommen Sie nun alle fünf Minuten ein Geschenk. Welche Freude! Lassen Sie Ihr Kind zusehen, wie Sie selbst ein Geschenk einpacken. Mit Bedacht das Papier auslegen, um den Gegenstand herumwickeln, festhalten, kleben. Dann die Seiten. Ihr Kind kann kleine Klebfilmstreifen an der Tischkante vorbereiten, damit es später die Hände frei hat. Nun das Band. Wie bringt man es zum Kräuseln? Was dann? Umwickeln und Knoten? Oder mit Klebstreifen vorn befestigen? Drehen Sie das Papier an den Seiten zu „Bonbonenden", statt es einzufalten. Oder wickeln Sie einen schmalen, langen Kreppstreifen um das Geschenk. Klappt das auch?

Tipp:

Packen Sie zum Schluss eine geheimnisvolle kleine Schachtel aufwändig ein, in die Sie vorher eine kleine Überraschung gefüllt haben. Schenken Sie sie ihrem Kind.

GESPRÄCHSANREGUNG:

→ Jedes Kuscheltier bekommt ein Geschenk. Wie könnten sich die Tiere bedanken? Das Schaf sagt „Dankemäh!" Die Schlange zischt „Dankesssssssön!" und der Esel ruft „Vie-iah-len Dank!" Ihrem Kind fallen sicher noch mehr lustige Sprüche ein!

FÖRDERUNG:

✓ Handmotorik, überlegtes Handeln, Logik, Freude am Gestalten

17

Papiergirlande schneiden

SIE BRAUCHEN:

• Tonpapier • Schere • Stifte • evtl. Wackelaugen oder Glitzerpunkte

Falten Sie einen Papierstreifen wie eine Ziehharmonika: im Zickzack. Zeigen Sie Ihrem Kind, wie es geht. Dann schneiden Sie die beiden oberen Ecken ab, wobei die Faltseiten zur Seite zeigen. Dann öffnen Sie das Papier: eine Häuserreihe, die von alleine steht! Jetzt können Sie gemeinsam überlegen, wie die nächste Girlande aussehen soll. Männchen, Fisch oder Drache? Zeichnen Sie Ihrem Kind die Linie vor, an der es entlangschneiden soll.

Denken Sie daran, dass an den Faltseiten ein Teil verbunden bleiben muss. Zum Schluss kann Ihr Kind die Girlande noch anmalen oder auch Augen oder Glitzerpunkte aufkleben.

GESPRÄCHSANREGUNG:

→ Erfinden Sie gemeinsam eine Quatschgeschichte, z. B. zur Fischgirlande: Stellen Sie sie auf den Tisch und sagen Sie: „Das erste Fischchen machte ‚Blubb'." Zeigen Sie auf das zweite: „Das zweite Fischchen machte ...?" Nun antwortet Ihr Kind: „Blubb!" Und so weiter. Das letzte Fischchen macht „Fffft!" und pustet alle fort.

FÖRDERUNG:

✓ Feinmotorik, Stolz über ein Produkt, Konzentration

Tipp:

Legen Sie die Girlande von außen um ein dickes Kerzenglas oder eine Glasvase. Schneiden Sie sie passend ab und kleben Sie die beiden Enden mit Klebefilm zusammen. Nun können Sie eine Kerze hineinstellen.

Hexentreppe falten

SIE BRAUCHEN:
• Tonpapierstreifen • Klebstoff • Stifte • evtl. Streichholzschachtel • Schere • verschiedene Stifte

Für Hexentreppen nehmen Sie zwei gleichlange schmale Streifen Papier und kleben die Enden im rechten Winkel aufeinander. Nun falten Sie die Streifen immer abwechselnd übereinander. Die letzten Enden kleben Sie wieder zusammen. Jetzt ziehen Sie das Faltobjekt vorsichtig auseinander: eine Hexentreppe! Starten Sie mit etwas breiteren Papierstreifen (3-4 cm), das ist für Kinderhände leichter.

Schauen Sie gemeinsam, wie lustig die Treppen wippen. Sie können sie auch zwischen Daumen und Zeigefinger zusammendrücken und wieder auseinanderhüpfen lassen. Mehrere Hexentreppen hintereinander geklebt ergeben eine Girlande. Probieren Sie verschiedene Papiersorten aus: buntes Papier, verschiedenfarbige Streifen, Krepppapier, Tonkarton, Zeitung etc.

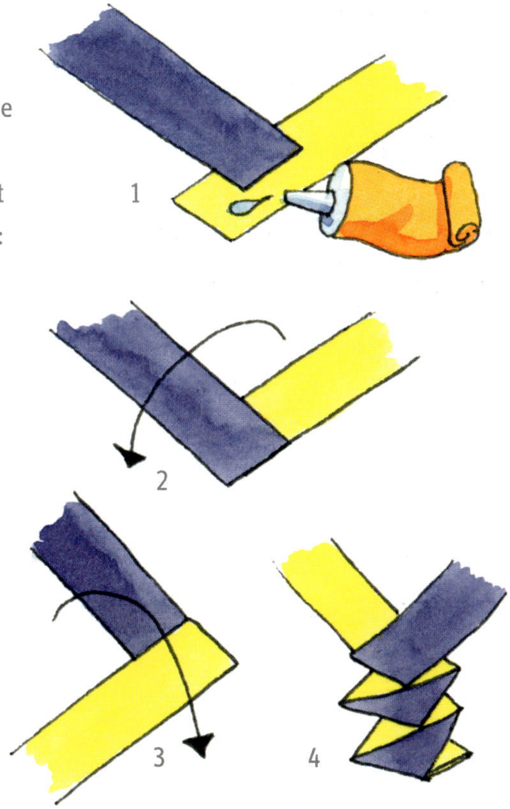

Tipp:
Kleben Sie eine Hexentreppe in eine Streichholzschachtel. Malen Sie ein Gesicht auf einen kleinen Pappkreis und kleben Sie ihn auf das andere Ende. Nun drücken Sie die Treppe zusammen und schieben die Schachtel zu. Ihr Kind darf sie öffnen – hui!

GESPRÄCHSANREGUNG:
→ Überlegen Sie gemeinsam: Warum wird diese Faltung wohl Hexentreppe genannt? Hat Ihr Kind noch eine andere Namensidee?

FÖRDERUNG:
✓ Fingerfeinarbeit, vorsichtiger Umgang mit fragilen Objekten, Geduld, Neugier

Pappmaschee gestalten

SIE BRAUCHEN:
• Zeitungen • Eierkartons • alten Eimer o. Ä. • Wasser • Kleister (nach Packungsanleitung zubereiten) • Stab zum Rühren • Sieb • Tempera- oder Acrylfarben

Zerreißen Sie gemeinsam alte Zeitungen und Eierkartons in kleine Stücke und weichen Sie sie über Nacht in Wasser ein. Rühren Sie am nächsten Tag Kleister an und fügen ihn der Masse hinzu. Ihr Kind darf alles gut verrühren und dann in einem Sieb zusammendrücken, um übrige Flüssigkeit auszupressen. Nun können Sie experimentieren: Fühlen Sie gemeinsam, wie glitschig und angenehm die Masse ist. Klebt sie an den Fingern? Kann man eine Kugel daraus formen? Mit mehr Pappmaschee Ohren daran streichen? Nase, Beine, einen Schwanz? Schon haben Sie eine Figur! Jetzt lassen Sie die Masse trocknen und malen sie danach noch an. Wie schön!

Tipp:
Umhüllen Sie einen aufgeblasenen Luftballon mit mehreren Schichten Pappmaschee. Formen Sie ein Schweinchen, der Knoten bildet den Schwanz. Ganz trocknen lassen, anmalen. Dann oben einen Schlitz hineinschneiden und sie haben ein Sparschwein!

GESPRÄCHSANREGUNG:

→ Auch Künstler machen große Kunstwerke aus Pappmaschee – vielleicht suchen Sie einmal gemeinsam im Internet danach. Was würde Ihr Kind bauen, wenn es ausreichend Pappmaschee zur Verfügung hätte? Ein Haus? Einen Riesendino? Ein Himmelbett?

FÖRDERUNG:

✓ Sinne schärfen, Neues aus Altem schaffen, Handmotorik, bei größeren Objekten auch Grobmotorik, Geduld, Wissen über Klebeeigenschaften

Papierkügelchen aufkleben

SIE BRAUCHEN:
• Seidenpapier • Klebstoff • ggf. Tonkarton

Eine schöne Arbeit, die auch kleinere Kinder schon können: Sie zerreißen gemeinsam das Seidenpapier in recht kleine Stücke. Dann drücken sie jedes Stückchen zu einem kleinen Ball zusammen. Haben Sie viele bunte Bällchen? Dann fragen Sie Ihr Kind, was es daraus kleben möchte – eine Blume? Eine Rakete? Eine Schnecke? Malen Sie die Umrisse auf ein Ton- oder anderes Papier auf oder schneiden Sie eine entsprechende Form aus Tonkarton aus. Nun streicht Ihr Kind immer ein Stück der Vorlage mit Klebstoff ein und drückt seine Kügelchen darauf. Es kann Muster kleben oder solange Kügelchen aufkleben, bis die ganze Vorlage vollgeklebt ist. Wie hübsch!

Tipp:
Sie können auch Gegenstände bekleben: Verzieren Sie beispielsweise kleine Glaskerzenhalter oder Vasen.

GESPRÄCHSANREGUNG:

→ Hören Sie gemeinsam hin: Das Papier raschelt! Beim Reißen und beim Zusammendrücken! Ist das ein schönes Geräusch? Fällt Ihnen etwas ein, das ähnlich klingt?

FÖRDERUNG:

✓ Konzentration, Handmotorik, ganzheitliches Denken, Sinne schulen

Kreise schneiden

SIE BRAUCHEN:
• Tonpapier • Stifte • Schere

Nehmen Sie am besten Tonpapier. Zeichnen Sie eine Spirale auf das Papier (mindestens 1 cm Linienabstand). Nun schneidet Ihr Kind an der Linie entlang bis in die Mitte. Sollte ein Schnitt alles kappen, kleben Sie an dieser Stelle das Papier einfach mit Klebefilm wieder zusammen. Jetzt kann Ihr Kind nach Herzenslust Muster auf die Spirale malen. Vielleicht kleine Autos, Blumen oder lustige Gesichter? Oder ein buntes Schlangenmuster?
Für jüngere Kinder lassen Sie mehr Platz zwischen der Spirale – dann ist die Spirale zwar kürzer, aber ebenso eindrucksvoll!

Tipp:
Sie können auch eine Figur aus der Girlande machen, indem Sie den Kreis in der Mitte größer halten und ein Gesicht darauf malen (Gespenst? Kopf einer Tänzerin?). Oder Sie malen ein Gesicht ans Ende – das ist der Schlangenkopf! Oder Sie knoten am Aufhängefaden unter der Girlande noch ein Glöckchen an!

GESPRÄCHSANREGUNG:

→ Wenn Sie die Spiralen wie Tiere gestalten (Wurm oder Schlange), können Sie die Figuren wie Marionetten halten und zusammen ein kleines Theaterstück aufführen oder eine Geschichte erfinden.

FÖRDERUNG:

✓ Kurvige Linien schneiden, Fingerfertigkeit, Konzentration

Ich-Buch

SIE BRAUCHEN:
• alte Zeitschriften und Kataloge • Tonpapier in verschiedenen Größen und Farben • Schere • Klebstoff • verschiedene Stifte • Locher • Band

Helfen Sie Ihrem Kind, ein „Ich-Buch" über sich selbst zu gestalten: Legen Sie mehrere DIN-A-4-große Tonpapierblätter zurecht. Ihr Kind darf sich nun eine Hand mit Farbe bestreichen (mit einem Pinsel oder den Fingern) und einen Abdruck auf ein Blatt drücken. Dann folgt die andere Hand auf einem neuen Blatt, beide Füße, die Nase. Sie können Nase, Stirn und Kinn untereinander auf ein Blatt „drucken" und mit Stiften den Rest des Gesichtes malen. Und vielleicht mit Mamas Lippenstift einen Mundabdruck machen?
Binden Sie das Buch am Schluss mithilfe des Lochers und des Bandes zusammen. Schreiben Sie auf die Vorderseite mit schönen Buchstaben: „Das bin ich, (Name)". Vielleicht auch das Alter und das Datum. Nun haben Sie eine schöne Erinnerung!

Tipp:
Vielleicht möchte Ihr Kind noch mehr Seiten hinzufügen: ein gemaltes Selbstporträt, ein Foto, Fingerabdrücke, ein gemaltes Familienportrait, eine Collage etc. Fällt Ihnen noch mehr ein?

GESPRÄCHSANREGUNG:

→ Das Ich-Buch ist eine gute Gelegenheit, mit ihrem Kind darüber zu sprechen, was es besonders oder weniger mag. Ist es kitzelig? Und wenn ja, wo? Sie können auch über Wünsche und Träume des Kindes sprechen und auch diese dem Ich-Buch hinzufügen.

FÖRDERUNG:

✓ Körperwahrnehmung, Sinne schulen, ein Projekt fertig stellen, Persönlichkeitsentwicklung

23 Schachtel gestalten

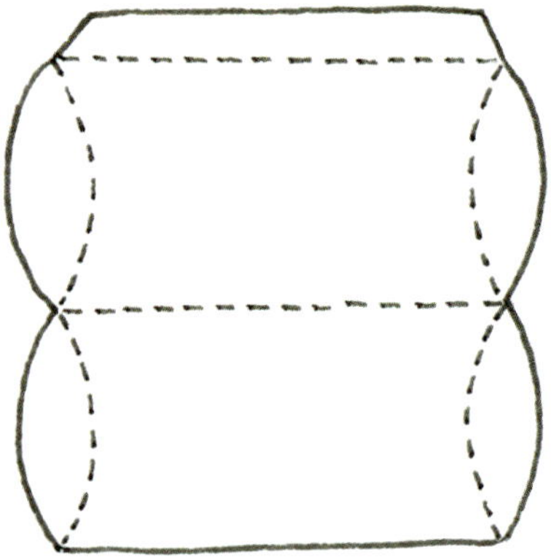

Kopiervorlage Schachtel

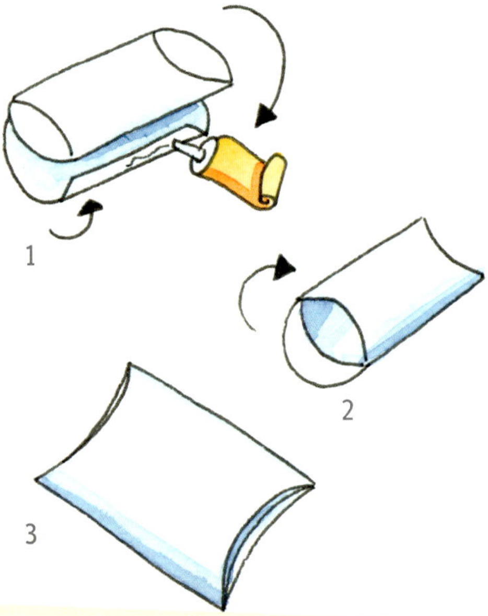

SIE BRAUCHEN:

• Tonkarton • Schere • Bleistift • Klebstoff • Stifte • evtl. AufKlebstoff • evtl. Stempel

Pausen Sie die Vorlage ab und vergrößern Sie sie nach Belieben. Zeichnen Sie die Vorlage auf bunten Tonkarton. Nun darf Ihr Kind den Umriss ausschneiden. Wenn Ihr Kind schon recht sicher auf der Linie schneiden kann, machen einige Abweichungen nichts, bei kleineren Kindern können Sie lenkend unterstützen. Jetzt fahren Sie den Tonkarton innen an den gestrichelten Linien mit einem Bleistift nach, so können Sie ihn besser knicken. Dann falten Sie ihn um. Kleben Sie die kleine Lasche auf der Innenseite der Schachtel fest. Ist der Klebstoff trocken, können Sie die halbrunden Seitenlaschen übereinander legen. Fertig!

GESPRÄCHSANREGUNG:

→ Überlegen Sie schon beim Basteln mit Ihrem Kind, was es in die schöne Schachtel hineinlegen möchte – gesammelte Steine, Süßigkeiten, kleine Geheimnisse?

FÖRDERUNG:

✓ Feinmotorik, verzieren und gestalten, behutsam arbeiten

Tipp:

Natürlich wird die Schachtel noch schöner, wenn Sie sie bemalen oder bestempeln, bekleben (oder vor dem Zusammenkleben) mit Band umwickeln. Bei der Verzierung kann Ihr Kind ganz kreativ alle Materialien verwenden, die es im Bastelschrank findet.

Laterne basteln

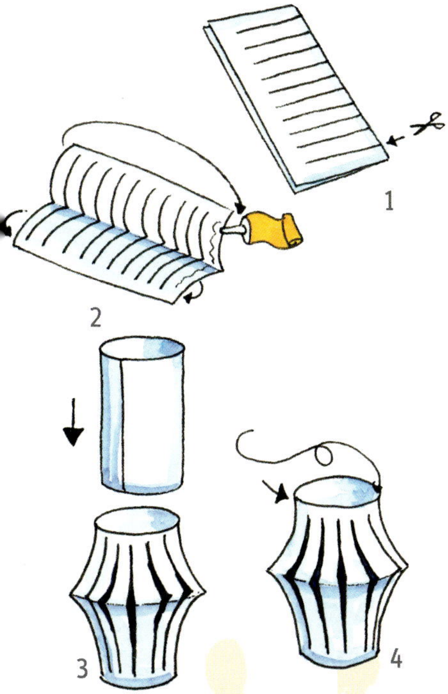

SIE BRAUCHEN:
• Tonpapier • Stift • Lineal • Schere • Klebstoff • Band oder Draht • evtl. buntes Pergamentpapier • evtl. Laternenstab oder Teelicht • verschiedene Stifte

Laternen verleihen Haus, Balkon und Garten einen stimmungsvollen Charakter. Diese Laterne ist einfach herzustellen und erinnert gar nicht so sehr an Martinsumzüge. Falten Sie einen DIN-A4 großen Tonpapierbogen der Länge nach. Nun zeichnen Sie vom Falz bis ca. 2 cm vor dem Rand Linien auf, zwischen denen ca. 1 cm Platz bleibt. Diese Linien schneidet Ihr Kind nun nach. Dann öffnet es das Blatt. Kleben Sie gemeinsam die äußeren Schnittstreifen aufeinander. Stechen Sie zwei Löcher oben hinein und befestigen Sie ein buntes Band daran. Nun können Sie Ihre fertige Laterne aufhängen. Natürlich können Sie auch einen Draht als Halterung verwenden und einen Laternenstab befestigen. Basteln Sie verschiedenfarbige und unterschiedlich große Laternen!

Tipp:
Zur Verstärkung und Verschönerung können Sie ein DIN-A 4-Blatt weißes oder buntes Pergamentpapier zu einer Rolle drehen (siehe Bild 3) und in die Laterne kleben. Oder wie wäre es mit einer ganz kleinen Laterne für ein Teelicht? Nehmen Sie Tonpapier oder besser noch Tonkarton. Bleiben Sie immer in der Nähe von brennenden Kerzen!

GESPRÄCHSANREGUNG:

→ Ihr Kind hat es geschafft, alle Linien zu schneiden? Loben Sie es und fragen Sie nach: War das schwierig? Schneidet es gern mit der Schere? Was würde es gern noch einmal schneiden?

FÖRDERUNG:

✓ Handmotorik, schneiden üben, Konzentration, Geduld

25 Kopfschmuck fertigen

SIE BRAUCHEN:
• Tonkarton • Klebefilm • Klebstoff • Schere • evtl. Edelsteine • Stifte • evtl. Federn

Schneiden Sie einen längeren, 5 - 7 cm breiten Streifen Tonkarton zurecht. Legen Sie ihn um den Kopf Ihres Kindes und kleben ihn passend mit Klebefilm zusammen. Nun können Sie gemeinsam einen tollen Kopfschmuck daraus gestalten: Mit Perlen und Federn wird ein Indianerkopfputz daraus. Oder Sie schneiden zwei längliche Ovale aus braunem Tonkarton aus und kleben Sie als Hasenohren an den Pappstreifen. Ein Pappstreifen mit Zacken auf einer Seite ist schon eine Krone, wirkt aber mit aufgeklebten Edelsteinen natürlich noch viel königlicher.

GESPRÄCHSANREGUNG:

→ Wie schaut ein Indiander? Wütend beim Kriegstanz? Lauschend beim Spähen? Fröhlich beim Indianergeheul? Beim Rollenspiel können Sie mit Ihrem Kind gut über Gefühle sprechen.

FÖRDERUNG:

✓ Fantasie, Farben wahrnehmen und zusammenstellen, Fingerfertigkeit

Tipp:
Versuchen Sie noch andere Ideen: spitze Elfenohren aus grüner Pappe, wilde Koboldshaare aus Wollresten, zwei Kugeln mit Alufolie umwickelt an Drähten baumelnd als Marsmännchen, was fällt Ihnen noch ein?

26 Pappmobile

SIE BRAUCHEN:
• Tonkarton • Stift • Schere • Klebstoff • Aufhängung (z. B. Stöcke, Draht, Faden o. Ä.) • verschiedene Stifte

Überlegen Sie zunächst gemeinsam, welches Thema das Mobile haben soll: Meer (Fische, Krebse, Wassertropfen, Schiffchen etc.), Bauernhof (Hund, Hahn, Schubkarre, Trecker, Schweine etc.), magische Welt (Hexe auf Besen, Zauberhut, Zauberstab, Blitz etc.) oder Muttertag (Herzen, das Wort „Mama“, Blumen)? Ihnen fällt sicher noch viel mehr ein! Schneiden Sie fünf bis zehn Figuren oder Symbole aus dem Tonkarton aus. Vorlagen hierzu finden Sie in Büchern, im Internet oder Sie skizzieren einfach selbst. Binden Sie die ausgeschnittenen Figuren mit Fäden in verschiedenen Höhen an einen schönen Zweig oder Stock. Jetzt können Sie das Mobile an die Decke oder auch ins Fenster hängen.

Tipp:
Schön ist auch ein Klang-Mobile Befestigen Sie metallische Gegenstände (Stangen, Blech, lange Nägel etc.) am Mobile und hängen Sie es nach draußen.

GESPRÄCHSANREGUNG:

→ Spielen Sie ein Ratespiel zu Ihrem ausgewählten Thema – Beispiel: Was ist das? Es schwimmt im Meer und hat zwei Scheren? Fällt Ihrem Kind auch eine Frage ein?

FÖRDERUNG:

✓ Ideen zu einem Thema entwickeln, Feinmotorik, Ausdauer

Sand, Gips, Ton, Knete, Salzteig

Es gibt viele formbare Materialien, mit denen Kinder eigene Ideen umsetzen können. Dabei lernen sie viel über physikalische Prozesse: weich, hart, warm, kalt, formbar oder fest. Es ist ein bewegendes Gefühl, aus einem Klumpen etwas zu schaffen. Kinder probieren, gestalten, verwerfen und erneuern. Und sind am Ende so stolz! Wir stellen Ihnen vier Materialien vor – vergessen Sie aber nicht den Plätzchenteig, Modelliermassen, Schnee, Wachs und vieles mehr!

27 Sand erforschen

SIE BRAUCHEN:
• Sand (ca. einen Schuhkarton voll) • Becher (oder ähnliche Gefäße) • Sieb • Kleinigkeiten zum Suchen (Murmeln, Muscheln, Steinchen etc.)

Sand rieselt herrlich zwischen den Fingern hindurch. Ob im Sandkasten, an einem kleinen Sandtisch auf dem Balkon oder in der Küche – ein wenig Sand genügt, um die kleinen Körnchen weich und schmeichelnd durch die Hand gleiten zu lassen. Man kann ihn fast gießen: Schütten Sie mit Ihrem Kind den Sand von einem Becher in einen anderen. Lassen Sie ihn durch einen Trichter fließen. Kommt auch Sand durch einen Strohhalm heraus? Was ist mit einem (alten) Socken? Probieren Sie alles aus, was Ihnen einfällt! Mithilfe eines kleinen Siebs können Sie auch Schatzsuche betreiben. Verstecken Sie Kleinigkeiten, z. B. in einem kleinen Eimer voll Sand: eine Murmel, eine Muschel, ein Centstück – Ihr Kind lässt nun den Sand durch ein Sieb rieseln. Findet es alle Schätze?

Tipp:
Im Sand lassen sich prima kleine Spieltiere aufstellen. Kinder können so stundenlang Zoo oder Bauernhof spielen.

GESPRÄCHSANREGUNG:

→ „Basteln" Sie mit Worten: Welche Worte mit „Sand" fallen Ihnen ein? Sandmann, Sandsack, Sanduhr, Sandsturm. Und was noch?

FÖRDERUNG:

✓ gezielte Hand- und Fingerbewegungen, Beobachtung, Konzentration, Geduld, Symbole und Figuren erkennen, Körperwahrnehmung

28 Sandbilder

GESPRÄCHSANREGUNG:

→ Der Sand rieselt von den Händen herunter. Manchmal bleibt er kleben. Überlegen Sie gemeinsam, warum das so ist. Fragen Sie Ihr Kind auch: Warum fällt der Sand durchs Sieb, die anderen Dinge aber nicht?

FÖRDERUNG:

✓ Fingerbewegungen, Arbeiten mit Klebstoff, Ziele erreichen, Farberkennung, Linienführung, Geduld

Tipp:

Basteln Sie Türschilder oder Tischkärtchen für Gäste. Wie wäre es mit einem großen Gemälde für die Wand, an dem die ganze Familie mitmalt? Was fällt Ihnen noch ein?

SIE BRAUCHEN:

• Sand • Zeichenpapier • Klebstoff • Lebensmittelfarbe oder Ostereierfarbenreste • Glitzerpigmente (Bastelgeschäft)

Auf ein weißes Blatt Papier „malen" Sie und Ihr Kind mit Klebstoff einfache Dinge: einen Kreis, eine Linie oder ein Herz. Dann streuen Sie dick Sand darüber. Nun das Blatt anheben: Der überschüssige Sand fällt hinunter, aber die Zeichnungen sind zu sehen – der Sand bleibt daran hängen! „Malen" Sie Figuren, Formen, Buchstaben, Spiralen. Denken Sie daran, dass der Sand aufgestreut werden muss, solange der Klebstoff noch nicht getrocknet ist!

Sie können den Sand auch färben: Mischen Sie mehrere Tropfen Lebensmittelfarbe oder Reste vom Ostereierfärben unter eine (alte) Tasse voll Sand. Auf einer Zeitung ausbreiten und trocknen lassen. Schon haben Sie bunten Sand! Oder mischen Sie den Sand doch einmal mit Glitzerpigmenten.

29 Matschsand

SIE BRAUCHEN:
• Sand • verschiedene Gefäße, aus denen viel oder wenig Wasser kommt • Bade- oder Matschhose

Jetzt kommt das Schönste: matschen! Ziehen Sie Ihrem Kind je nach Wetter eine Badehose oder Matschhose an. Stellen Sie zum Sand verschiedene Gefäße mit Wasser: eine Gießkanne, eine Wasserspritze, eine Wasserpistole, einen Becher mit einem Strohhalm. Jetzt darf Ihr Kind nach Herzenslust Sand und Wasser mischen: Langsam in einem Eimer oder mit Schwung, kleine Rinnsale mit Wasser aus dem Strohhalm oder zarte Nebel aus der Spritze. Mit genug Wasser wird der Sand sogar flüssig, dann lassen sich daraus lustige Matschberge gießen. Wie hoch werden die? Mit weniger Wasser können Sie Sachen formen: Knödel, Pyramiden, Schlangen – haben Sie noch mehr Ideen?

Tipp:
Auch wenn Sie in der Stadt wohnen, fällt Ihnen sicher etwas ein, wo Sie draußen matschen können: bei Oma oder Freunden im Garten? Im Stadtpark? Am Fluss? Bei einem Samstagsausflug ins Grüne?

GESPRÄCHSANREGUNG:
→ Jetzt ist der ganze Sand matschig. Aber was, wenn Ihr Kind wieder einmal Sand sieben will? Fragen Sie es, was geschehen muss, damit der Sand wieder rieselt.

FÖRDERUNG:
✓ Grob- und Feinmotorik, ein Bauwerk erschaffen, physikalische Zusammenhänge

30 Gipsguss

SIE BRAUCHEN:

• Gips • alten Becher • alten Löffel zum Anrühren • Wasser • Formen zum Ausgießen

Ihr Kind kann den Gips prima selbst anrühren (nach Packungsanleitung; Achtung: immer den Gips in das Wasser kippen, nicht umgekehrt!) Mit einem alten Milchkännchen o. Ä. schafft ihr Kind auch das Eingießen in die Form prima – staunen Sie über sein Geschick! Überlegen Sie gemeinsam: Welche Formen eignen sich? Haben Sie Eiswürfelbehälter? So erhalten Sie Gipssteine, aus denen ganze Häuschen gebaut werden können. Aus leeren Adventskalenderformen entstehen wundervolle Anhänger. Oder Sie füllen ein ausgeblasenes Ei mit Gips (Trichter aus Alufolie formen; später Faden hineinhängen) und entfernen nach dem Trocknen (über Nacht) die Schale – schon haben Sie ein schickes Osterei.

Tipp:

Natürlich werden die Figuren erst richtig schön, wenn Ihr Kind sie bunt und fantasievoll anmalt! Es geht mit Wasserfarben, die werden allerdings stark eingesogen. Deckender und strahlender sind Acrylfarben.

GESPRÄCHSANREGUNG:

→ Wie wäre es mit einem Zungenbrecher? Gips gibt's in der Gipsfabrik. Und gibt's kein' Gips in der Gipsfabrik, dann gibt's kein' Gips!

FÖRDERUNG:

✓ Handmotorik, Umgang mit Flüssigkeiten, Verhalten von Materialien, Geduld, Selbstständigkeit

31 Gipsbinden

SIE BRAUCHEN:

- Gipsbinden (z. B. im Bastelgeschäft oder in der Apotheke)
- flache Schale mit Wasser
- fetthaltige Handcreme oder Gummihandschuhe

Ihr Kind darf Ihre Hand (dick eingecremt oder mit Gummihandschuh) mit Gipsbinden eingipsen. Dazu schneidet es die Gipsbinden in kleine Stücke und legt sie zum Einweichen kurz in eine flache Schale mit Wasser. Nun die Gipsbinden abtropfen lassen, auflegen und genüsslich verstreichen – das ist eine schöne, intensive Erfahrung. Ihr Kind wird sehr sorgsam und ordentlich arbeiten! Halten Sie die Hand gerade, damit Sie nach dem Trocknen besser hinausschlüpfen können. Sie können die Hand auch nur von oben eingipsen und die Innenhandfläche frei lassen. Vielleicht ist Ihr Kind mutig und mag auch einen Abdruck seiner eigenen Hand erstellen lassen? Aber haben Sie Geduld – das Stillhalten und das seltsame Gefühl behagt manchen Kindern nicht – dann brechen Sie eben ab und probieren etwas anderes aus. Zum Schluss lassen Sie die Gipshand trocknen. Nun können Sie sie gemeinsam anmalen. Vielleicht hängen Sie die Hand auch auf?

Tipp:

Sie können auch kleinmaschigen Draht zurechtschneiden und zu einer Form biegen (Figur, Turm, Herz). Nun gipsen Sie ihn ein und malen ihn an. Dazu braucht es allerdings etwas Geduld!

GESPRÄCHSANREGUNG:

→ Wie fühlt sich der Gips auf der Haut an? Fragen Sie nicht nur, erzählen Sie einfach einmal, was Sie selbst empfinden. Ist es kalt? Glitschig? Kitzelt es?

FÖRDERUNG:

✓ Ausdauer, Stillhalten, Stolz auf Geschaffenes, Kennenlernen des eigenen Körpers

32 Gipstierchen

SIE BRAUCHEN:

• Gips • alten Becher • alten Löffel zum Anrühren • Wasser • leere Pralinenschachteln • Band oder Bindedraht • Acrylfarben• Pinsel • evtl. Bastelfilz • evtl. Tonpapier • evtl. Wackelaugen

Niedliche Figuren lassen sich mithilfe von leeren Pralinenschachteln erstellen: Gießen Sie den Gips hinein – und legen Sie ab und zu einen Faden als Schwänzchen hinein – oder ein geringeltes Stück Draht. Nach dem Trocknen drückt Ihr Kind die Form einfach heraus. Nun kann es durch Bemalen tolle Tiere aus den Gipsformen zaubern: einen roten Marienkäfer mit Punkten, einen frechen Frosch, eine graue Maus, eine gestreifte Biene – sicher fällt Ihnen gemeinsam sehr viel ein! Ohren und Flügel können Sie aufmalen oder aus Papier oder Bastelfilz ausschneiden und mit Klebstoff fixieren. Für die Augen eignen sich besonders lustige Wackelaugen.

Tipp:

Spielen Sie „Ostereier suchen". Verstecken Sie die Tierchen im Garten, auf dem Balkon oder in der Wohnung. Ob Ihr Kind sie alle entdeckt?

GESPRÄCHSANREGUNG:

→ Warten Sie gemeinsam ab, wie der Gips härtet. Mit einem Holzstäbchen kann man zart hineinpieksen und den Verlauf beobachten. Sprechen Sie darüber!

FÖRDERUNG:

✓ Verfolgen eines Projektes bis zum Ziel, Ideen entwickeln, Spaß am Spiel

Ton ausprobieren

SIE BRAUCHEN:
• lufttrocknenden Ton (zum Trocknen einfach stehen lassen) • Wasser

Ton fühlt sich ganz besonders an: Schön glatt und matschig, und er macht die Hände so seltsam stumpf. Tauschen Sie die Fingerspitzen in Wasser und beginnen Sie zu formen, zu kneten und auszurollen. Ihr Kind kann eine Kugel rollen, dieser auf einer Seite eine Spitze als Nase formen und mit den Fingerspitzen Stacheln hinein-„zwicken" – fertig ist der Igel! Für ein Fischchen formt es ein flaches Oval mit einem Schwänzchen an einer Seite. Dann kerbt es mit den Fingernägeln ein Schuppenmuster. Was für Tiere fallen Ihnen noch ein?
Einfach sind auch lustige Männchen: einen kleinen Kegel formen, die Spitze leicht zur Seite biegen. Schon haben Sie einen Zwerg vor sich. Oder einen Nikolaus? Hexe? Fee? Ritzen Sie Gesicht und Hut hinein. Vielleicht formen Sie auch Flügel hinzu? Lassen Sie gemeinsam mit Ihrem Kind die Fantasie spielen!

Tipp:
Ausgerollten Ton kann man prima mit alten Plätzchenförmchen ausstechen. Noch ein Loch oben hineinpieksen, trocknen lassen, anmalen – und Sie haben wunderschöne Anhänger für den Weihnachtsbaum.

GESPRÄCHSANREGUNG:

→ Woher kommt Ton? Suchen Sie doch einmal gemeinsam im Internet oder der Stadtbücherei nach Bildern vom Tontagebau.

FÖRDERUNG:

✓ Eigenschaften des Materials kennen lernen, Handmotorik, Spaß an Gestaltung

34 Tonschüssel formen

SIE BRAUCHEN:
• lufttrocknenden Ton • Wasser

Ton gleitet so wunderbar schmeichelnd durch die Hand – er bietet sich dazu an, ein Behältnis daraus zu formen: Zunächst eine Kugel flach drücken und eine Wölbung formen. Schnell hat der Daumen raus, wie er die Rundung innen noch besser dreht. Und nun? Was möchte Ihr Kind formen? Vielleicht einen Eierbecher? Eine kleine Vase? Ein Schüsselchen für Nüsse oder ein kleines Teelicht?
Sie können auch einen handtellergroßen halbrunden „Klumpen" formen und oben hinein eine kleine Rundung drücken – so entsteht ein prima Eierbecher. Bemalen Sie ihn wie ein Marienkäfer oder formen Sie noch ein Fischschwänzchen!

Tipp:
Rollen Sie auch lange Tonschlangen und formen diese durch spiralförmiges Übereinanderlegen zu kleinen Schüsselchen. Mit etwas (!) Wasser an den Fingerspitzen lässt sich alles besser zusammenstreichen.

GESPRÄCHSANREGUNG:

→ Beobachten Sie, was geschieht, wenn der Ton trocknet. Sieht Ihr Kind etwas? Verändert sich die Farbe? Der Geruch? Das Gefühl beim Anfassen?

FÖRDERUNG:

✓ Ideen entwickeln, Fingerfertigkeit, etwas schaffen für die Familie, Sinneserfahrung

35 Tonscheibe gestalten

SIE BRAUCHEN:

• lufttrocknenden Ton • Holzstäbe o. a. Werkzeug • zum Verzieren: kleine Steine, Perlen, Edelsteine, Blumen, Linsen o. Ä.

Stellen Sie zunächst eine flache Tonscheibe mit Ihrem Kind her. Rollen Sie den Ton gemeinsam aus und stechen oder schneiden Sie einen Kreis (Durchmesser ca. Kuchentellergröße) heraus. Ihr Kind kann den Rand glatt streichen und mit einem Holzstab ein Loch zum Aufhängen oben hineinbohren. Bestimmt hat Ihr Kind sofort Ideen für sein Tonbild. Es kann mit den Fingern oder einem Stab Figuren und Linien einritzen. Vielleicht möchte es auch seinen Namen hineinritzen? Oder es macht einen Hand- oder Fußabdruck. Natürlich kann man auch Dinge in den Ton eindrücken: Steinchen, Basteledelsteine, gepresste Blumen oder Perlen. Oder Sie gestalten zusammen ein Bild aus getrockneten Linsen o. Ä.

Tipp:

Ihr Kind formt in eine ca. esstellergroße Tonscheibe mit den Fingern eine Spirale (nicht zu schmal!). Ist der Ton getrocknet, kann es eine Murmel an den Anfang legen. Wer kann die Murmel durch Hin- und Herbewegen der Platte ans Ziel bringen, ohne dass sie herunterfällt?

GESPRÄCHSANREGUNG:

→ Ton lässt sich formen – ist das leicht oder schwer? Was meint Ihr Kind? Ist es genau wie bei Kuchenteig oder Kinderknete oder ganz anders?

FÖRDERUNG:

✓ Feinmotorik, Linienführung, erste Buchstaben, Konzentration, Gestalten

36 Knetkunst

SIE BRAUCHEN:
• Knete aus dem Handel (am besten Softknete für kleine Finger) • alternativ: selbst gemachte Knete (siehe Tipp)

Auch Knete eignet sich wunderbar fürs Formen und Verformen: Zaubern Sie mit Ihrem Kind Figuren, Tiere, Vulkane, Spaghetti oder einfach bunte Knubbel – lassen Sie Ihr Kind experimentieren! Ab und an können Sie ihm ein vorgeformtes Teil reichen – z. B. eine gerollte lange „Wurst“, kleine Kugeln, platte Scheibchen etc. Bestimmt bindet Ihr Kind sie sofort in sein Spiel ein. Einfach sind auch kleine Fingermännchen: Formen Sie etwas Knete um Ihren Finger herum, sodass das „Kleid“ unten etwas vom Finger absteht. Augen, Haare, vielleicht Ohren, Knöpfe oder ein Hut – je nach Farbe lässt sich schnell erraten, wer da auf dem Finger wackelt: ein Schornsteinfeger? Ein Gespenst? Oder ein Hase?

GESPRÄCHSANREGUNG:

→ Lassen Sie Ihr Fingermännchen mit dem Ihres Kindes sprechen: Wer bist denn du? Kannst du tanzen? Möchtest du eine Knetbanane essen?

FÖRDERUNG:

✓ Ideen entwickeln, Fantasie ausleben, Spaß am Ergebnis, Farben erkennen, Rollenspiele

Tipp:
Es gibt für kleinere Kinder leicht formbare Soft-Kneten im Handel. Knete lässt sich auch recht einfach selbst herstellen. Fragen Sie z. B. im Kindergarten nach einem Rezept – aber vermeiden Sie die Beimengung der Chemikalie Alaun, da sie hautreizend ist.

37 Knetfischchen

SIE BRAUCHEN:
• weiche Knete • kleine Wasserballons • Vase oder Plastikflasche • evtl. Schere • evtl. Klebeband • Glas zum Ausstechen • Stift in Schwarz • evtl. Murmel

Bauen Sie ein Knet-Aquarium! Kleine Wasserballons minimal mit Luft füllen (etwa murmeldick). Knete dünn ausrollen und mit einem Glas Kreise ausstanzen. Legen Sie den Ballon zwischen zwei Kreise und drücken Sie die Ränder sanft fest. Der Ballonknoten guckt als Schwanz heraus. Zwei Augen aufmalen – schon haben Sie einen Plattfisch. Ihr Kind darf ihn ins Wasser legen. Was passiert? Sobald die Knete nass ist, wird sie schmierig und kann nachgeformt werden – das kann Ihr Kind besonders gut. Viele bunte Fische sind toll. Mit einer Murmel im Knotenende und langen Armen wird der Ballon zum Kraken. Kneten Sie mit Ihrem Kind – ohne Ballon – Muscheln oder Krebse, die unten im Aquarium liegen können.

Tipp:
Für das Aquarium nehmen Sie eine Glasvase oder eine Plastikflasche (bruchsicher), bei der Sie die obere Hälfte abtrennen (Kanten besser abkleben wegen der Schneidegefahr). Da die Knete sich im Wasser löst, kann das Aquarium allerdings nur ein bis zwei Tage stehen bleiben.

GESPRÄCHSANREGUNG:

→ Sprechen Sie mit Ihrem Kind darüber, warum die Knetfischchen schwimmen. Es muss nicht kompliziert sein. Zu Anfang genügt es, zu erklären, dass manche Dinge schwimmen und manche nicht – und dass Luft immer nach oben steigt.

FÖRDERUNG:

✓ physikalisches Wissen, Ausdauer, Ideen entwickeln, Entwickeltes optimieren

38 Salzteigbäcker

SIE BRAUCHEN:
• für den Teig: 2 Tassen Mehl, 1 Tasse Salz, 1 Tasse Wasser, 1 TL Öl • Backofen: 1-2 Stunden bei ca. 50°• Acrylfarbe • Pinsel • Holzstäbchen, stumpfe Messer oder andere Hilfswerkzeuge

Erforschen Sie zunächst gemeinsam die Beschaffenheit des Teigs. Entdecken Sie, was der Teig aushält, wann er reißt, wie er klebt. Danach soll natürlich etwas entstehen. Wie wäre es mit Obst und Gemüse, das später sogar im Kaufmannsladen verkauft werden könnte? Kekse und Pizza für die Puppenküche? Heuballen für den Traktor oder Kisten für den Laster?
Oder rollen Sie runde Teigplatten aus: Ihr Kind kann darauf Bilder legen (z. B. Blumen, Perlen oder Linsen hineindrücken) – und sie später aufhängen. Ein „Bitte nicht hereinkommen"-Schild fürs Kinderzimmer? Bunt angemalt sieht alles noch viel schöner aus.

Tipp:
Salzteig besteht aus sehr viel Salz. Daher sollte Ihr Kind keine größeren Mengen davon essen!

GESPRÄCHSANREGUNG:

→ Mit den hergestellten Lebensmitteln oder Werkzeugen können Sie prima Rollenspiele spielen und Ihr Kind so zum Sprechen animieren!

FÖRDERUNG:

✓ Fingerfertigkeit, Ideenfindung, Sinneserfahrung, taktile Wahrnehmung

39 Salzteiglieblinge

SIE BRAUCHEN:

• Salzteig (siehe Seite 48)) • Holzstäbchen, stumpfes Messer oder andere Hilfswerkzeuge • Bänder oder Faden • Wasser-, Tempera- oder Acrylfarben • Pinsel

Wofür schlägt das Herz Ihres Kindes? Für aufregende Dinge? Dann formen Sie gemeinsam Dinosaurier – die großen, etwas plumpen Tiere sind hervorragend aus Salzteig herzustellen und dürfen gern etwas größer sein. Formen Sie auch Eier, Nester, vielleicht Berge und Vulkane für die Dinowelt. Nach dem Trocknen darf Ihr Kind alles anmalen. So können Sie später gemeinsam stundenlang spielen!
Oder mag Ihr Kind lieber kleine, ruhige Dinge? Wie wäre es mit Schmuck? Formen Sie kleine Kugeln, Würfel, Rauten etc. und stechen Sie mit einem Holzstäbchen ein Loch quer hindurch. Nach dem Trocknen können Sie die Dinge bunt anmalen (Glitzer nicht vergessen!) und auffädeln. Das ergibt wunderschöne Ketten und Armbänder.

Tipp:

Lassen Sie Ihr Kind bei der Teigherstellung doch einmal allein den Teig kneten.

GESPRÄCHSANREGUNG:

→ Was wissen Sie über Dinos? Vielleicht weiß Ihr Kind mehr als Sie? Erfinden Sie gemeinsam eine spannende Dino-Geschichte! Für den Schmuck fällt Ihnen beiden sicher eine wunderschöne Schatz- oder Prinzessinnengeschichte ein.

FÖRDERUNG:

✓ Konzentration und Ausdauer, Stolz sein auf ein Ergebnis, Feinmotorik, Sinne schulen, taktile Wahrnehmung

Faden und Stoff

Entdecken Sie gemeinsam mit Ihrem Kind die textile Welt und führen Sie es sanft an altbewährte Techniken wie Sticken und Nähen heran. Experimentieren Sie auch spielerisch und kreativ mit Faden und Stoff. Handarbeiten schulen nicht nur die Sinne und die Motorik, sie machen auch Spaß und ergeben am Ende ein nützliches, schönes Projekt. Und schließlich legen Techniken wie Fädeln, Knoten, Binden und Nähen Grundsteine für wichtige Alltagsfertigkeiten.

Fäden entdecken

SIE BRAUCHEN:
• Wollreste, Fäden, Schnüre o. Ä.• Tonpapier • Schere • Klebstoff • Kugelschreiber

Schneiden Sie Fäden zurecht und probieren Sie aus, wie man sie verknoten, verbinden oder entwirren kann. Flechten Sie gemeinsam ein Armband: Knoten Sie dazu drei Fäden oder auch Kordeln zusammen und legen Sie immer die äußere Kordel über die Mittlere.
Oder Sie zeigen Ihrem Kind den Zauberknoten: Fädeln Sie Luftmaschen. Dazu formen Sie einen Kreis und ziehen den Faden von unten durch den Kreis. Nach mehreren Luftmaschen darf ihr Kind „Abrakadabra“ rufen und an einem Ende ziehen – siehe da, alle Knoten sind verschwunden! Zeigen Sie Ihrem Kind dann, wie Luftmaschen gemacht werden, damit es auch zaubern lernt.
Vielleicht möchte Ihr Kind schneiden: Legen Sie verschiedenfarbige Wollreste und Fäden auf den Tisch, eine Schere dazu. Viele kleine Fäden sehen hübsch aus, wenn sie später auf ein buntes Blatt Tonpapier geklebt werden – z.B. in einen gezeichneten Umriss (Herz, Tiere, Autos etc.).

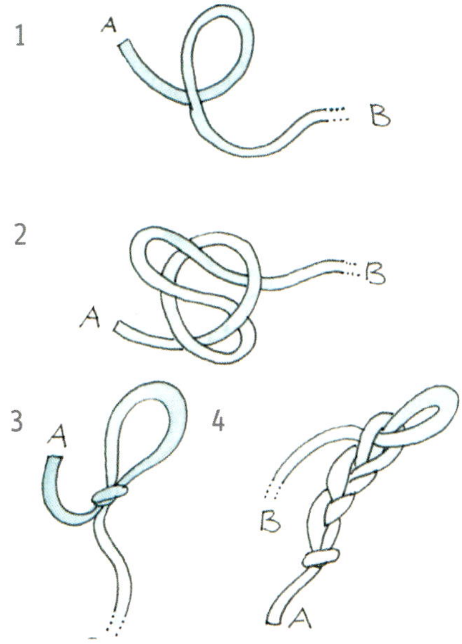

Tipp:

Drehen Sie eine Kordel: zwei Fäden übereinanderlegen und ein Ende an die Türklinke binden. Das andere Ende sehr oft drehen, bis die Schnur Spannung bekommt. Nun einen Kugelschreiber in die Mitte hängen, die Enden zusammenführen und alles ausdrehen lassen. Enden verknoten – fertig!

GESPRÄCHSANREGUNG:

→ Wozu braucht man Fäden und Wolle? Sprechen Sie mit Ihrem Kind darüber, was alles als Fäden und Wolle entsteht und woher die Wolle kommt.

FÖRDERUNG:

✓ Auge-Hand-Koordination, Feinmotorik, Sinne schulen, Konzentration

41 Einfaches Stickbild

1

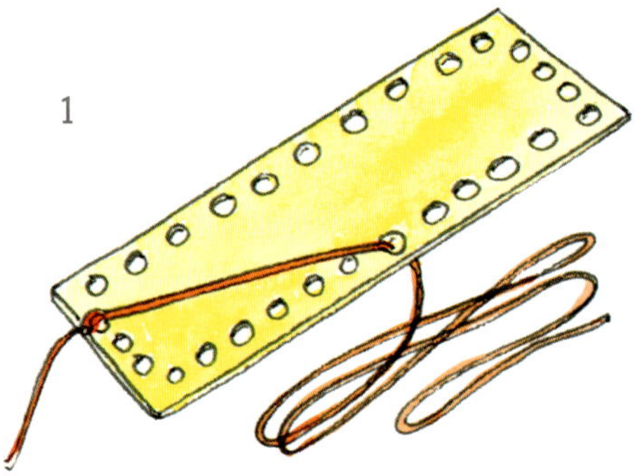

2

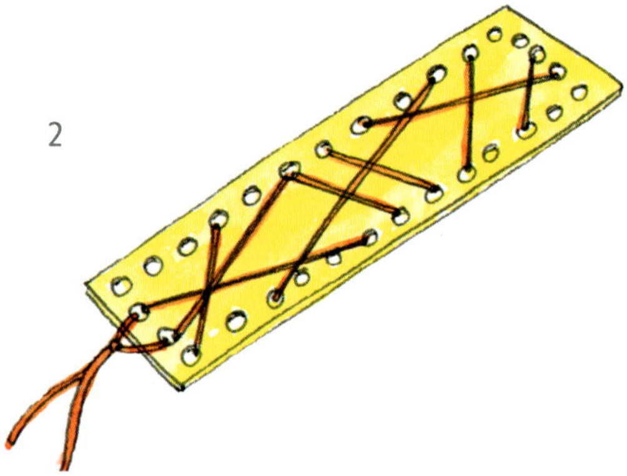

SIE BRAUCHEN:

• bunte Wolle oder Fäden • Tonkarton • Schere • Locher oder Lochzange

So geht einfaches Sticken für kleine Finger: Schneiden Sie ein Stück Tonkarton zurecht (ca. 6 x 20 cm). Nun stanzen Sie gemeinsam Löcher in die Ränder. Jetzt knoten Sie ein langes Stück Wolle oder Faden an einem Loch (an der kurzen Seite) fest, sodass etwa 3-4 cm Faden überhängen. Ihr Kind fädelt nun das Band kreuz und quer über das Pappstück. Wer mag, kann auch verschiedene Bänder unterschiedlicher Farben verwenden. Am Ende muss das Band wieder an der kurzen Seite herauskommen. Verknoten Sie das Ende und schnüren Sie eine Schleife aus beiden Fadenenden. Schon haben Sie ein wunderschönes Lesezeichen.

GESPRÄCHSANREGUNG:

→ Überlegen Sie gemeinsam: Welche Farben passen gut zueinander? Was findet Ihr Kind am schönsten? Welche Farben passen gar nicht zusammen?

FÖRDERUNG:

✓ Feinmotorik, Geduld, Konzentration, Linien ziehen, Farben lernen

Tipp:

Sie können das Projekt auch schwieriger gestalten: Stanzen Sie die Löcher entlang einer Zeichnung oder eines Fotos. Ihr Kind fädelt das Band nun entlang der Linien (z. B. auf einem Foto von Ihrem Haus oder entlang der Umrisse eines Baggers, den Sie auf Fotokarton aufgemalt haben).

42 Pompon wickeln

SIE BRAUCHEN:
• Wolle • Tonkarton • Schere

Schneiden Sie zwei Ringe aus Tonkarton aus (außen ca. 6 cm Durchmesser, Mittelloch ca. 2 cm). Nun trennen Sie von einem Wollknäuel ein langes Stück Wolle ab und wickeln es zu einem Miniwollknäuel (das macht es einfacher für Ihr Kind). Sie machen den Anfang, danach wickelt Ihr Kind den Wollfaden um die beiden Ringe. Ist der Wollfaden zu Ende, knoten Sie einfach einen neuen an (vielleicht sogar in einer anderen Farbe?). Ihr Kind wickelt, bis das Loch in der Mitte sehr klein ist, damit der Pompon schön füllig wird. Schneiden Sie nun die Fäden zwischen den Ringen entlang durch. Binden Sie ein Band zwischen den Ringen um die Fäden und knoten Sie es fest. Nun zerschneiden Sie die Ringe und entfernen sie. Kleben Sie dem kleinen Pompon z. B. Wackelaugen auf und Füße unten drunter. Oder Nase und Ohren, wie wäre es mit einem Schwänzchen? So werden lustige, kuschelige Tiere aus dem Pompon!

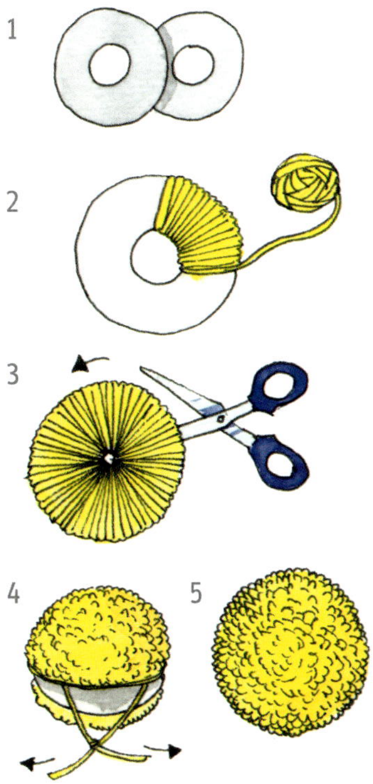

Tipp:
Stellen Sie auch kleine Pompons her. Verlängern Sie das Mittelband, dann können Sie den Pompon an etwas dranhängen – vielleicht an den Schlüsselbund? Oder an den Reißverschluss einer Jacke?

GESPRÄCHSANREGUNG:

→ Geduld fällt schwer? Singen Sie gemeinsam: „Wer will fleißige Handwerker sehn? Der muss zu den Fädlern gehn. Fädle ein, fädle ein, der Pompon wird bald fertig sein!“

FÖRDERUNG:

✓ Feinmotorik, Auge-Hand-Koordination, Geduld

Malen mit Fäden

SIE BRAUCHEN:

• Wollfäden • Wasserfarben • Pinsel • alten Katalog, Telefonbuch o. Ä. • Zeichenpapier • evtl. Klappkarten

Ihr Kind darf auf passender Unterlage einen 30-40 cm langen Wollfaden mit Wasserfarbe einstreichen. Falten Sie ein DIN-A4-Blatt und öffnen es wieder. Auf die eine Seite legt Ihr Kind den Faden – z. B. in Kreisen oder im Zickzack. Nun falten Sie die andere Hälfte darüber und legen alles in einen dicken alten Katalog. Drücken Sie leicht auf den Katalog. Ihr Kind zieht nun mit Schwung den Faden heraus. Öffnen Sie Katalog und Papier wieder und staunen Sie: Ein tolles Kunstwerk!

GESPRÄCHSANREGUNG:

→ Denken sie sich gemeinsam einen lustigen Spruch aus, den Ihr Kind ruft, wenn es am Faden zieht – z. B. „Zicke-zeck, Faden weg!" oder „Eins, zwei, drei – Schmiererei!" oder einfach „Horrido!"

FÖRDERUNG:

✓ Handmotorik, Krafteinsatz, Geduld, Farbenlehre, Bewusstsein für Formen und Muster

Tipp:

Nach ein paar Probestücken mit Papier können Sie so auch Klappkarten oder Postkarten gestalten – sie lassen sich prima verschicken!

Einfache Handpuppe

SIE BRAUCHEN:
• einen alten Socken • 2 Knöpfe • Faden • Sticknadel • Wollfaden

Nehmen Sie einen alten Socken. Ihr Kind sucht zwei schöne Knöpfe als Augen aus. Fädeln Sie Ihrem Kind den Faden auf und machen Sie den Anfang. Dann darf Ihr Kind den Knopf – mit Ihrer Hilfe – annähen. Den zweiten ebenfalls. Dann nehmen Sie den Wollfaden und sticken mit wenigen Stichen einen Mund. Verknoten Sie die Fadenenden. Jetzt darf Ihr Kind die Hand reinstecken – guten Tag, liebes Sockentier!
Je nach Farbe des Sockens könnte es auch ein entsprechendes Tier werden: ein grünes Krokodil, ein bunter Papagei etc. Haben Sie noch andere Ideen?

Tipp:
Sie können auch einen alten, einzelnen Handschuh nehmen, dann haben Sie mit den Fingern viele Füße, die – je nach Farbe – als Spinne, Raupe oder Krebs herumkrabbeln können.

GESPRÄCHSANREGUNG:

→ Erfinden Sie mit Sockenfiguren ein kleines Theaterstück: Das grüne Krokodil und der bunte Papagei könnten z. B. ein Dschungelabenteuer erleben. Welche Geschichten fallen Ihnen ein?

FÖRDERUNG:

✓ Auge-Hand-Koordination, Feinmotorik, Konzentration, taktile Wahrnehmung

45 Bälle filzen

SIE BRAUCHEN:

• Schafwolle, ungefärbt und in verschiedenen Farben • Styropor®-Kugel • Sprühflasche • warme Seifenlauge (Wasser mit Schmierseife) • evtl. Antirutschmatte

Ihr Kind legt zunächst die ungefärbte Schafwolle um die Styrorpor®-Kugel. Dann legt es andersfarbige Wollfäden darauf, sie ergeben später das Muster. Besprühen Sie die Wolle mit warmer Seifenlauge. Dann legt Ihr Kind die Hände um den Ball und streichelt ganz leicht immer drumherum. Mit der Zeit kann kräftiger gedrückt werden. Besprühen Sie den Wollball immer wieder mit Seifenlauge. Wenn die Wolle schön verfilzt ist, den Ball hart walken, also z. B. auf einer Antirutschmatte mit hohem Druck rollen. Dann können Sie ihn ausspülen und trocknen lassen.

GESPRÄCHSANREGUNG:

→ Fragen Sie Ihr Kind: Wie fühlt sich das an? Erzählen Sie auch, wie Sie es empfinden. Betrachten Sie am Ende ihre Hände: Was fällt Ihrem Kind auf?

FÖRDERUNG:

✓ Handmotorik, Sinne schulen, Körperwahrnehmung, Geduld

Tipp:

Ganz kleine Bällchen lassen sich auch ohne Styropor®-Kugel formen. Fädeln Sie sie mit Hilfe einer Nadel als Kette auf, das sieht sehr hübsch aus!

Erstes Weben

SIE BRAUCHEN:

• Bilderrahmen ohne Glas – alt oder gebastelt • Wollfaden • zum Einflechten: Fäden, Bänder, Stoffreste etc. • evtl. Federn, Zweige, Gräser, getrocknete Blumen

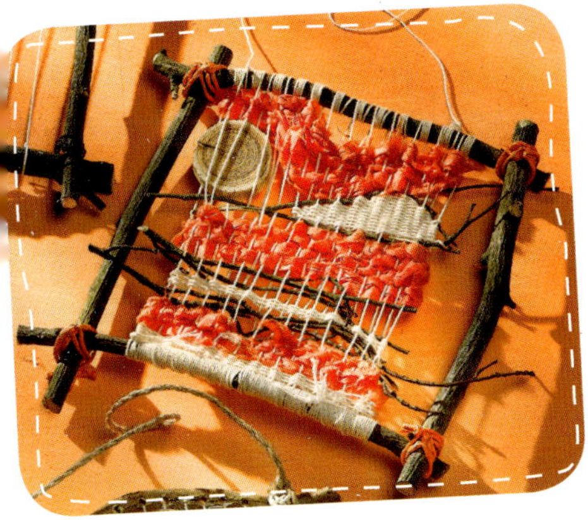

Sie benötigen einen alten Bilderrahmen ohne Glas. Oder Sie basteln gemeinsam einen Rahmen, indem sie vier Stöckchen mit Paketschnur zusammenbinden. Nun wickeln Sie einen festen Wollfaden in gleichen Abständen recht straff um die Äste. Sie können auch jeden Faden einzeln oben und unten anknoten. Suchen Sie hübsche Materialien zum Durchfädeln: Reißen Sie gemeinsam Stoffreste in Streifen, nehmen Sie Reste von Geschenkbändern, hübsche Fäden oder Schnüre. Ihr Kind webt diese nun durch die gespannten Wollfäden: immer abwechselnd darüber und darunter hindurch. Auch Natürliches lässt sich prima einflechten: Federn, Zweige oder Gräser – Ihnen fallen sicher viele Dinge ein! Schneiden Sie am Ende an den Kanten nur die groben Längen ab und hängen Sie das Kunstwerk gemeinsam auf.

Tipp:

Weben Sie getrocknete Pflanzen wie Lavendel, Rosmarin, Thymian oder Kamille mit ein – so bekommen Sie ein Duftbild!

GESPRÄCHSANREGUNG:

→ Fragen Sie Ihr Kind: Weshalb wählt es diesen Stoff oder jenes Band? Hat es ein Lieblingsmuster? Eine neue Lieblingsfarbe? Schildern Sie auch Ihre Gedanken.

FÖRDERUNG:

✓ Auge-Hand-Koordination, Muster gestalten, Handmotorik, taktile Wahrnehmung

47 Stoffbeutel nähen

SIE BRAUCHEN:
•festen Stoff • Locher, besser Lochzange • Lederschnur oder andere Schnur • evtl. Glöckchen

Zeichnen Sie einen Kreis (z. B. mit Hilfe eines Kuchentellers) auf einen festen Stoff. Ihr Kind darf den Kreis ausschneiden. Die Schere muss scharf genug für den Stoff sein, beaufsichtigen Sie Ihr Kind daher gut. Stanzen Sie nun gleichmäßig Löcher in den Rand des Kreises. Jetzt darf Ihr Kind die Schnur durch die Löcher ziehen. (Die Schnur kann in etwa so lang sein wie der Kreisumfang.) Verknoten Sie die Schnur an den Enden und ziehen Sie sie zusammen. Nun kann Ihr Kind Geld oder Steine, Schmuck oder Geheimnisse in den Beutel tun. Wer mag, knotet ein kleines Glöckchen an das Schnurende.

GESPRÄCHSANREGUNG:

→ Überlegen Sie gemeinsam, wozu das Beutelchen nützlich sein könnte. Was kann Ihr Kind hineintun oder darin aufheben? Oder möchte Ihr Kind darin etwas verschenken?

FÖRDERUNG:

✓ Handmotorik, Konzentration, haptische Wahrnehmung, Kurven schneiden

Tipp:
Haben Sie eine alte Tasche oder Hose? Dann schneiden Sie den Kreis daraus zurecht. Vielleicht finden Sie auch eine alte Zeltplane, eine widerstandsfähige Stoffverpackung oder anderes interessantes Material.

Verkleiden

SIE BRAUCHEN:

• ausrangierte Kleidung und Accessoires oder Kostüme vom letzten Karneval • evtl. Schminke (z. B. Theaterschminkstifte oder Mamas Schminksachen)

Das tun alle Kinder gern: sich verkleiden. Das Feuerwehrkostüm vom letzten Fasching oder die Verkleidung vom Weihnachtstheaterstück ziehen Kinder auch im Sommer gern wieder an. Noch spannender sind die alten Sachen von Mama und Papa: Reservieren Sie eine Kiste oder ein Fach im Schrank für abgelegte Kleidungsstücke. Eine Weste von Papa, ein Rock von Mama, Opas Jägerhut oder Papas alte Lederhandschuhe, Omas feiner Schal oder Mamas Bikinifehlkauf, Gürtel, Taschen, Krawatten, kaputte Uhren – alles wird zum Verkleiden gern genutzt. Denken Sie auch an Schuhe, besonders an solche mit Absätzen, das gefällt Mädchen – und Jungs!

Verkleiden Sie sich gemeinsam: Als Räuberbande oder als feines Damenteekränzchen, als Diener und Gentleman oder als Südseepiraten – und spielen Sie dann zusammen die tollsten Rollenspiele!

GESPRÄCHSANREGUNG:

→ Entwickeln Sie gemeinsam mit Ihrem Kind die Verkleidungen und fragen Sie: Was möchtest du werden? Brauchst du noch etwas? Wie wäre ein Gürtel? So animieren Sie es zum Sprechen.

FÖRDERUNG:

✓ Ideenfindung, Grobmotorik, Feinmotorik (Anziehen üben), Körperwahrnehmung, Selbstbild

Tipp:

Natürlich wird die Verkleidung erst mit etwas Schminke so richtig perfekt. Das muss nicht aufwändig sein: Ein paar schwarze Zacken als Räubernarben oder etwas Lipgloss für die Prinzessin genügen schon.

Einfache Tasche nähen

SIE BRAUCHEN:
• Bastelfilz, 10 x 15 cm (etwa 2 mm dick) • Schere • Kordel, Schnur oder Band (z. B. Satingeschenkband), ca. 50 cm. • Sticknadel oder Tesafilm

Falten Sie die Filzplatte in der Mitte und befestigen Sie zwei Wäscheklammern an der oberen offenen Seite, damit sie nicht verrutscht. Malen Sie Ihrem Kind Punkte als Orientierungshilfe an den Rand. Verknoten Sie das Band unten an einer Seite am letzen Loch. Nun näht Ihr Kind mit der Stopfnadel von oben durch den Punkt, führt den Faden um die Seite herum, sticht wieder von oben durchs nächste Loch usw. Zeigen Sie ihm, wie man sich nicht piekt. Ist eine Seite geschafft, verknoten Sie das Band, lassen ca. 30 cm Band als Henkel frei und befestigen es dann auf der anderen Seite (oben an der Öffnung). Ihr Kind näht die zweite Seite bis unten, dann verknoten Sie das Band.

GESPRÄCHSANREGUNG:

→ Überlegen Sie beim Nähen: Was soll hinein ins Täschchen? Minibilderbücher für unterwegs? Taschentücher? Das Spielhandy?

FÖRDERUNG:

✓ Feinmotorik, Konzentration, Auge-Hand-Koordination, Sinneserfahrung, logisches Denken

Tipp:

Verzieren Sie das Täschchen: Sticken Sie ein Muster hinein, nähen Sie einen Knopf auf, bekleben Sie es mit Glitzersteinen oder schreiben Sie den Namen Ihres Kindes darauf.

50 Knoten und Schleifen

SIE BRAUCHEN:
• Stoffreste • Schals, Tücher, Bänder o. Ä.

Feiern Sie ein Knotenfest: Reißen Sie mit Ihrem Kind aus Stoffresten kleine Stoffbänder. Nun darf Ihr Kind Knoten an alles binden, was sich findet. Bald ist die ganze Wohnung bunt geschmückt. Oder vielleicht verschönern Sie den Garten für eine Gartenparty? Sie können auch eine lange Schnur zwischen zwei Stühle oder Türklinken (auf jeden Fall in Kinderhöhe) aufhängen und Ihr Kind knotet ganz viele Tücher daran. So entsteht eine hübsche Girlande für den Garten, das Kinderzimmer oder das nächste Fest. Vielleicht knotet Ihr Kind auch viele Tücher hintereinander – wie lang wird das „Seil". Üben Sie dazwischen doch einmal ganz ohne Druck eine Schleife – vielleicht mag Ihr Kind das auch versuchen? Natürlich eigenen sich die Stoffstreifen auch hervorragend zum Verbinden von Armen und Knöcheln beim Arzt spielen.
Oder sie binden sich und Ihrem Kind Tücher an Arme und Beine, um die Stirn und den Bauch – wer sieht am buntesten und schönsten aus?

Tipp:

Dreibeinlaufen: Stellen Sie Ihren linken Fuß neben den rechten Fuß Ihres Kindes (oder andersherum). Binden Sie ein Tuch um die Knöchel. Nun laufen Sie gemeinsam schnell zu einem Ziel. Klappt das?

GESPRÄCHSANREGUNG:

→ Verraten Sie Ihrem Kind den Trick, sich mit einem Knoten im Taschentuch etwas zu merken. Überlegen Sie gemeinsam, weshalb das funktioniert.

FÖRDERUNG:

✓ Handmotorik (Knoten und Schleifen üben), Grobmotorik, Sinneserfahrung

51 Nähmaschine kennenlernen

SIE BRAUCHEN:
• Nähmaschine mit Material • altes Lieblingskleidungsstück • Stofftasche, T-Shirt o. Ä.

Suchen Sie einen alten Pulli oder ein ausrangiertes Lieblings-T-Shirt mit einem lustigen Motiv aus. Zeichnen Sie einen großen Kreis um das Motiv. Ihr Kind darf ihn (ja, wirklich!) ausschneiden. Nun können Sie das Motiv umsäumen oder es fransig lassen – und es mit einfachen Stichen mit der Nähmaschine auf ein anderes T-Shirt, eine Tragetasche oder eine Kissenhülle nähen. Ihr Kind darf helfen, wo es kann: Nähmaschine einschalten, das richtige Garn reichen und abschneiden, Hebel senken, Knöpfe drücken und natürlich auch mal das Fußpedal betätigen. Auch, wenn Ihr Kind „nur“ assistiert, wird es sehr stolz auf die gemeinsame Arbeit sein!

GESPRÄCHSANREGUNG:

→ Erklären Sie Ihrem Kind die Arbeit in einfachen Worten. Signalisieren Sie ihm, dass es alles fragen darf – Sie müssen ja nicht immer die Antwort wissen.

FÖRDERUNG:

✓ Gemeinsames Arbeiten und Lernen (Teamwork), Handmotorik, Geduld, Beobachtungsgabe

Tipp:

Sie haben keine Nähmaschine? Bitten Sie die Oma, eine Freundin oder Nachbarin, dieses Projekt umzusetzen. Viele Menschen haben große Freude daran, Kindern ihr Können zu zeigen.

Knöpfe entdecken

SIE BRAUCHEN:

• Knöpfe aller Art • kleines Kästchen • (Stopf-)Nadel • Faden • Schere • Stückchen Stoff

Haben Sie eine Knöpfesammlung? Ein kleines Kästchen voller Knöpfe ist bei Kindern sehr beliebt. Sie können darin wühlen, die Knöpfe nach Farben und Größen ordnen, sie zählen. Sie können die Knöpfe auch über den Tisch flipsen, indem sie einen Knopf auf die Mitte des anderen drücken.

Natürlich kann man mit Knöpfen auch nähen: Nehmen Sie einen großen Knopf mit zwei Löchern. Nun geben Sie Ihrem Kind eine Stopfnadel und einen Stoff, der sehr leicht zu durchstechen ist. Verknoten Sie den Faden und zeigen Ihrem Kind, wie man von unten nach oben und wieder von oben nach unten durch die Knopflöcher stechen muss. Sie können auch mehrere Knöpfe annähen – schnell ist ein Gesicht entstanden, eine Reihe oder ein bunter Kreis.

GESPRÄCHSANREGUNG:

→ Hören Sie mal ganz genau hin: Knöpfe machen tolle Geräusche! Wie klingt es, wenn man sie auskippt? Darin herumstreicht? Einen großen Knopf fallen lässt oder einen kleinen?

FÖRDERUNG:

✓ Auge-Hand-Koordination, Feinmotorik, Hörsinn, Tastsinn, Farben und Formen erkennen, Zuordnen

Tipp:

Am schönsten ist es natürlich, wenn der angenähte Knopf auch einen Sinn hat – haben Sie ein Kleidungsstück Ihres Kindes, bei dem ein Knopf angenäht werden muss? Es wird Ihr Kind sehr stolz machen, wenn es erzählen kann, dass es den Knopf selbst angenäht hat!

Holz

Holz ist wandelbar und begegnet Kindern in ihrem Alltag überall: Äste, Bretter, Rinde, Platten, Astscheiben, Leisten, Stämme, Stangen, Scheite – jede Form bietet sich an, um daraus etwas zu werken und zu bauen. Und die Verbindungsmöglichkeiten (Nägel, Schrauben, Klebstoff, Schnüre) sind unendlich spannend. Hier können Kinder sich auf sanfte oder gröbere Art und Weise ausleben und auch mal Muskelkräfte einsetzen, die beim Basteln sonst nicht so oft gefragt sind.

53 Basteln mit Holzresten

SIE BRAUCHEN:

• Holzreste (vom Schreiner oder aus dem Baumarkt) • Holzleim • Schmirgelpapier • Temperafarbe • Pinsel

Holen Sie gemeinsam Holzreste vom Schreiner oder fragen Sie im Baumarkt danach. Nun suchen Sie sich zusammen schöne Stücke heraus und schleifen die unregelmäßige Kanten oder Splitter mit Schmirgelpapier ab. Das ist schon sehr spannend und auch anstrengend für kleine Kinderhände. Jetzt kleben Sie die Stücke mit Holzleim aneinander, voreinander, übereinander – zu Türmen, Zügen, Häusern, Tieren, Autos, Schiffen. Was fällt Ihrem Kind noch ein?

Natürlich können Sie die fertigen Objekte auch bunt anmalen, das sieht noch viel schöner aus. Mit einigen schmalen Brettern können Sie eine kleine Kiste zusammenleimen. Oder wie wäre es mit einem kleinen Regal? Auch ein Tischchen oder Bettchen für das Puppenhaus ist schnell gezimmert!

Tipp:

Vielleicht dürfen Sie dem Schreiner auch mal eine Weile bei der Arbeit zuschauen? Sicher hat Ihr Kind auch viele Fragen, die er beantworten kann.

GESPRÄCHSANREGUNG:

→ Leim ist nur eine Möglichkeit, Holz zusammenzufügen. Womit könnten Sie die Holzstücke noch verbinden? (z. B. Nägel, Schrauben, Tackernadeln etc.)

FÖRDERUNG:

✓ Handmotorik, Ideenfindung, Kräfteeinsatz, Geduld, Konzentration, Klebeeigenschaften von Holz und Leim, Sinneserfahrung

54 Hammer und Nägel ausprobieren

SIE BRAUCHEN:
• Holzklotz, evtl. kleines Holzbrett (z. B. Holzrest) • Nägel (nicht zu klein) • Hammer • evtl. Faden

Geben Sie Ihrem Kind einen Holzklotz. Je kleiner das Kind, desto größer sollte der Klotz sein. Nun zeigen Sie ihm, wie man einen Nagel einschlägt. Danach darf Ihr Kind es versuchen. Zunächst kann es einige Nägel ganz einschlagen. Wie klappt das?
Später können Sie etwas herstellen: Ihr Kind kann mehrere Nägel nur halb in den Klotz schlagen. Wenn es nun vorn ein Gesicht aufmalt, hat es einen Igel gebaut. Es kann auch viele Nägel in ein etwas flacheres Brett schlagen. Nun wickelt es einen Faden um die Nägel und kann so ein schönes Bild oder Muster erstellen (Zickzack, Spinnennetz oder Wirrwarr). Was fällt Ihnen noch ein?

GESPRÄCHSANREGUNG:

→ Üben Sie nebenbei die Zahlen. Wie viele Male muss Ihr Kind auf den Nagel hauen, bis er im Holz verschwunden ist? Zählen Sie laut mit!

FÖRDERUNG:

✓ Auge-Hand-Koordination, Handmotorik, Konzentration, Kräfteeinsatz, Zahlen und zählen lernen

Tipp:
Nagelcollage: Lassen Sie Ihr Kind Dinge auf dem Brett festnageln: ein Foto, kleine Perlen, Herzen oder Sterne aus Moosgummi, vielleicht auch Blumen oder Blätter. So kann Ihr Kind eine hübsche Collage anfertigen.

55 Bilderrahmen aus Holz

SIE BRAUCHEN:

• Holzleiste (aus dem Baumarkt) • kleine Handsäge • Schmirgelpapier • Acrylfarbe • Pinsel • mindestens 4 kleine Nägel • kleiner Hammer • Kreppklebeband

Wählen Sie eine eine flache Leiste. Markieren Sie nun die Stellen, an denen Sie sägen wollen. Sie brauchen zwei längere und zwei kürzere Stücke, z. B. 20 x 30 cm. Lassen Sie Ihr Kind an einem geeigneten Platz unter Aufsicht die Leiste zersägen.

Nun kann es die Kanten mit mittelfeinem Schmirgelpapier abschleifen und die Leisten anmalen. Schließlich legen Sie die Leisten aufeinander. Die gleichlangen Stücke müssen jeweils entweder oben oder unten liegen. Ihr Kind nagelt die Leisten zusammen (entweder passgenau oder mit „Überhang"). Fertig ist der Bilderrahmen! Sie können ihn auch sehr groß anfertigen, So können Sie sogar ein Tapetenbahnbild rahmen.

Ihr Kind kann den Rahmen, wenn es möchte, noch verzieren, indem es Glitzersteine, Muscheln, ausgeschnittene Pappmotive, Steinchen, Federn oder getrocknete Blumen und Blätter daraufklebt.

Tipp:

Ein Foto oder ein gemaltes Bild Ihres Kindes wird in den Rahmen eingefügt, indem Sie es auf der Rückseite des Rahmens befestigen – z. B. mit Kreppklebeband.

GESPRÄCHSANREGUNG:

→ Bilderrahmen sind oft aus Holz. Entdecken und überlegen Sie gemeinsam – was ist in Ihrem Haus noch aus Holz?

FÖRDERUNG:

✓ Konzentration, Auge-Hand-Koordination, Fein- und Grobmotorik, Kräfteeinsatz, Struktur und Eigenschaften von Holz

56 Hölzerne Sonnenuhr

SIE BRAUCHEN:
• dicke Astscheibe oder Holzklotz • langen Maurernagel • Hammer

Vielleicht können Sie eine dicke Ast- oder Baumscheibe ausfindig machen – oder sie nehmen einfach einen Holzklotz. Nun schlägt Ihr Kind den Maurernagel in die Mitte, jedoch so, dass noch recht viel vom Nagel herausschaut. Platzieren Sie Ihre „Sonnenuhr" draußen an einer Stelle, wo genügend Sonnenlicht hinfällt. Nun zeichnen Sie an einem sonnigen Tag zu jeder vollen Stunde ein, wo der Schatten des Nagels hinfällt (diese Uhr zeigt allerdings sicher nicht immer die korrekte Zeit an). Schreiben Sie die passenden Stunden dazu – fertig ist die Sonnenuhr!

GESPRÄCHSANREGUNG:

→ Staunen Sie, wie schnell und wie langsam die Sonne wandert. Was geschieht noch mit dem Schatten des Nagels, wird er länger oder kürzer? Was zeigt die Uhr in der Nacht? Entdecken Sie gemeinsam die Geheimnisse der Sonnenuhr!

FÖRDERUNG:

✓ Beobachtungsgabe, logisches Denken, Zahlen, Uhrzeit, Handmotorik, Geduld

Tipp:

Wenn Sie keine schöne Baumscheibe finden, können Sie einfach gemeinsam einen Kreis auf einen Holzklotz malen – vielleicht malt Ihr Kind sogar die ganze Sonnenuhr an, wie es ihm gefällt?

57 Schrauben und Holz

SIE BRAUCHEN:

• weiches Holz (z. B. Kiefernholz aus dem Baumarkt) • Schrauben (vorne spitz) • Akkuschrauber • 2 gleichgroße Bretter (weiches Holz, im Baumarkt zurechtsägen lassen, z. B. 40 x 30 cm) • 2 Scharniere • Schrauben • 2 Ketten oder Rolladengurt (z. B. 2 x 30 cm) • Acryl- oder Temperafarbe • Pinsel • evtl. Klarlack (z. B. zum Sprühen)

1

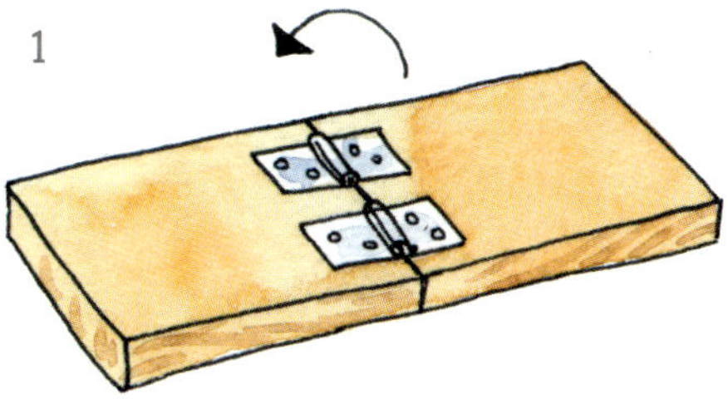

2

Kinder lieben elektrische „Erwachsenenwerkzeuge“ wie Bohrer, Akkuschrauber und Co. Mit elterlicher Hilfe kann Ihr Kind den Akkuschrauber auch benutzen: Probieren Sie zunächst gemeinsam eine Schraube in das Holz zu schrauben. Gelingt es? Dann können Sie einige Schrauben hübsch einschrauben (z. B. in Form eines vorgezeichneten Sterns oder Hauses). Oder Sie wagen ein Projekt: Bauen Sie gemeinsam ein Schild zum Aufstellen: Zwei gleich große Bretter werden an einer der kürzeren Kanten mit zwei Scharnieren verbunden. Fixieren Sie das Gewebeband mit Schrauben an den Seiten. Nun können Sie das Schild kippsicher aufstellen. Bemalen und lackieren Sie es. Wie wäre es damit: „Wir sind im Garten!“ oder „Vorsicht, Kinder!“

Tipp:

Kinder können auch prima beim Zusammenbau von kleineren Möbeln helfen: Sie sortieren die Schrauben, stecken Verbindungsstücke in vorgebohrte Löcher, schrauben mit dem Akkuschrauber oder mit einem Inbusschlüssel schon mal vor. Sie werden sehen, Sie haben einen richtigen kleinen Handwerksgehilfen daheim!

GESPRÄCHSANREGUNG:

→ Sehen Sie sich gemeinsam das Gewinde der Schraube an. Was sieht Ihr Kind? Betrachten Sie, wie sich die Schraube ins Holz dreht. Drehen Sie sie auch mal wieder heraus.

FÖRDERUNG:

✓ Auge-Hand-Koordination, achtsamen Umgang mit Werkzeug lernen, Konzentration, Handmotorik

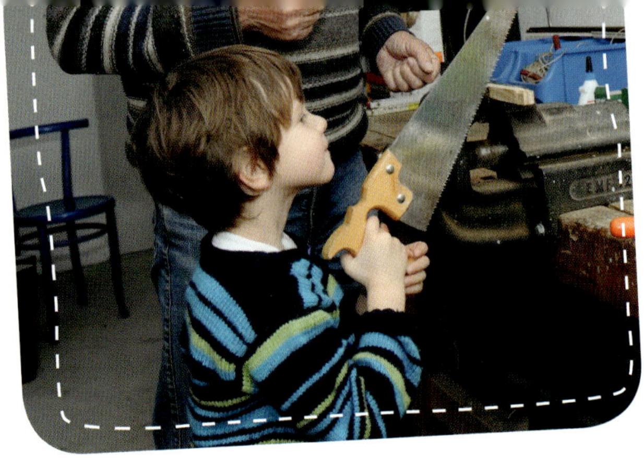

58 Sägen und bohren

SIE BRAUCHEN:
• Äste (z. B. 2 – 3 cm dick) • Säge • Schmirgelpapier • Handbohrer • evtl. Lederband

Befestigen Sie den Ast in einer Werkbank oder einer Schraubzwinge. Nun sägen Sie gemeinsam mit Ihrem Kind (ein größeres Kind kann das nach den entsprechenden Sicherheitsvorkehrungen auch schon allein) mehrere Scheiben von ca. ½-1 cm Breite ab. Danach schleifen Sie mit dem Schmirgelpapier die überstehenden Fasern ab.
Mit diesen Astscheiben kann man sehr gut basteln – Ihr Kind kann sie stapeln, zusammenleimen, Bilder daraus legen und festkleben oder Schachteln damit verzieren.
Sie können die Scheiben aber auch nutzen, um gemeinsam Löcher bohren zu üben. Mit dem Handbohrer bohren Sie zwei Löcher nebeneinander hinein – und haben einen Knopf! Oder sie bohren nur ein Loch und fädeln die Scheiben zu einer Kette auf. Haben Sie noch mehr Ideen?

GESPRÄCHSANREGUNG:

→ Auf den Astscheiben kann man gut die Jahresringe betrachten. Erklären Sie Ihrem Kind, warum sie so heißen. Es kann die Ringe verschiedener Scheiben zählen. Ist die dickste Scheibe am ältesten?

FÖRDERUNG:

✓ Handmotorik, Krafteinsatz, Auge-Hand-Koordination, Grobmotorik, Geduld, achtsamer Umgang mit gefährlichem Werkzeug

Tipp:
Wenn Sie keine Zeit oder keine Muße haben, die Astscheiben selbst herzustellen, können Sie sie zum Basteln auch im Bastelgeschäft erwerben.

59 Kunst aus Ästen

SIE BRAUCHEN:

• Äste • evtl. Farbe und Pinsel • evtl. Holzwäscheklammern • evtl. Hakennägel • evtl. Bast

Machen Sie einen ausgiebigen Spaziergang durch den Wald oder ein anderes naturbelassenes Gebiet. Suchen Sie nach einem schönen dicken Ast (bitte nichts von Bäumen abtrennen). Schärfen Sie Ihre Augen für kreative Möglichkeiten mit dem Material. Sichten Sie zu Hause Ihre Schätze. Sie können Äste zum Aufhängen von Mobiles nutzen, sie hochkant hinstellen (z.B. in eine Vase) und Ostereier (o. Ä.) daran hängen. Sie können auch die Rinde der Äste entfernen und sie komplett bemalen. Oder Sie stellen gemeinsam einen Besen her: Kürzen Sie kleine Zweige (Reisig) auf die gleiche Länge (am oberen Ende, nicht die Spitzen abschneiden). Nun binden Sie immer ein paar Zweige mit Draht an einen recht geraden dicken Ast. Schnüren Sie sie möglichst fest. So entsteht ein wunderbarer „Hexenbesen", mit dem sich auch fegen lässt!

Tipp:

Eine schöne Idee ist auch ein Terminboard für die Küche: Ihr Kind bemalt oder verziert mehrere Holzwäscheklammern (evtl. mit Namen beschriften). Binden Sie diese gemeinsam mit farbigem Bast an den Ast. Befestigen Sie den Ast an der Wand (z. B. mit Hakennägeln). Nun können Sie Erinnerungen, Termine, Fotos oder Einkaufszettel in den Wäscheklammern befestigen.

GESPRÄCHSANREGUNG:

→ Sehen Sie sich die Äste oder andere Fundstücke im Wald genau an: Entdecken Sie hier und da ein Gesicht, ein Tier, eine Form? Was sieht Ihr Kind in den Zweigen?

FÖRDERUNG:

✓ Beobachtungsgabe, Ideenfindung, Handmotorik, Sinneserfahrung, Eigenschaften von Holz

60 Stockbrotstock schnitzen

SIE BRAUCHEN:
• Lagerfeuer • lange Stöcke • (Kinder-)Schnitzmesser • einfaches Grundrezept für Hefeteig (für das Stockbrot)

Suchen Sie sich lange Weidenruten, die Sie von Sträuchern abschneiden – nur so viele, wie Sie wirklich brauchen. Geben Sie Ihrem Kind ein vorn abgerundetes Schnitzmesser (es gibt auch extra Kinderschnitzmesser) und erklären Sie ihm, dass es immer vom Körper wegschneiden soll und das Messer nach der Arbeit stets gut weglegt wird. Nun darf es unter Ihrer Beobachtung am vorderen Ende des Stocks die Rinde abschnitzen. Anschließend wickeln Sie etwas Hefeteig um die Spitze (nicht zu dick, sonst dauert das Rösten zu lange). Jetzt gehen Sie gemeinsam zum Feuer, es sollte allerdings eine sichere Feuerstelle sein! Ihr Kind hält den Stock nun über die Glut und braucht dabei etwas Geduld. Dann heißt es: Guten Appetit!

GESPRÄCHSANREGUNG:

→ Sprechen Sie mit Ihrem Kind über die Gefahren von scharfen Messern und Feuer. Aber schüren Sie keine Ängste, sondern erläutern Sie den vernünftigen Umgang damit.

FÖRDERUNG:

✓ Auge-Hand-Koordination, achtsamer Umgang mit scharfen Gegenständen, Handmotorik, Krafteeinsatz, Geduld, Konzentration, Umgang mit Feuer

Tipp:

Ihr Kind kann auch ein Gesicht in den Stock ritzen. Mit Kerben im korrekten Abstand bekommt es einen Messstab. Oder es schnitzt sich Muster in einen langen Stock für einen Spazierstock. Mit einem gebundenen kurzen Querstock wird aus einem Ast ein schmales Schwert, das natürlich ebenfalls schöne Schnitzereien benötigt!

61 Indianischer Totempfahl

SIE BRAUCHEN:
• kleinen Pfahl aus Kiefernholz (o. a. weiches Holz aus dem Baumarkt) • Acrylfarbe • Pinsel • evtl. Schnitzwerkzeug • evtl. Klarlack

Besorgen Sie einen Pfahl, die Größe können Sie selbst bestimmen. Befestigen Sie den Pfahl in einem stabilen Tannenbaumständer oder stecken Sie ihn in den Gartenboden. Nun können Sie ihn gemeinsam verzieren: Malen Sie den Pfahl mit Ihrem Kind an – mit bunten Ringen, schönen Mustern und Zeichen, Tiergesichtern oder Fratzen. Echte indianische Totempfähle hatten verschiedene Themen, z. B. Familien- oder Stammesgeschichten oder auch Bärenjagden. Vielleicht möchten Sie ein bestimmtes Thema gestalten? Sie können in das Holz auch schnitzen: Gesichter, Fratzen, Kerben, Löcher – was fällt Ihnen ein? Oder Sie befestigen Bänder, Steine oder andere Dinge an dem Pfahl!
Wenn der Totempfahl im Garten stehen bleiben soll, können Sie ihn entweder einfach verwittern lassen oder Sie versiegeln ihn mit Klarlack. Wenn Sie dafür nicht genug Platz haben sollten – wie wäre es mit einem Mini-Totempfahl? Einen entsprechenden Stock mit ca. 2-5 cm Durchmesser können Sie im Baumarkt kaufen. Der fertige Pfahl kann mithilfe von Gips oder Snad in einem Blumentopf „gepflanzt“ werden und Ihre Fensterbank schmücken.

Tipp:
Feiern Sie die Fertigstellung Ihres Totempfahls: mit indianischem Schmuck, Kopfputz, Verkleidungen, Essen, Trinken – und natürlich Gesang und Tänzen um den Totempfahl herum!

GESPRÄCHSANREGUNG:
→ Was für eine Bedeutung hat Ihr Totempfahl? Überlegen Sie gemeinsam, bevor sie losritzen: Jeder aus der Familie könnte ein Tier gestalten – was für ein Tier nimmt Ihr Kind? Welches Tier würde Opa, Tante oder Freundin am besten symbolisieren?

FÖRDERUNG:
✓ Ein Objekt planen und überblicken, Feinmotorik, Grobmotorik, Konzentration, Geduld, Ideenfindung

68 Holzfiguren

SIE BRAUCHEN:
• kleine Holzstämme • Säge • Schmirgelpapier • Acrylfarbe • evtl. Moosgummi • evtl. Schere • evtl. Watte • evtl. weitere Bastelmaterialien

Spannen Sie den Holzstamm in die Werkbank oder sorgen Sie für eine andere sichere Möglichkeit zum Sägen. Sägen Sie nun gemeinsam mit Ihrem Kind den Holzstamm unten gerade und oben schräg ab. Ihr Kind kann nun ggf. überstehende Fasern abschmirgeln.

Für einen Weihnachtsmann malt Ihr Kind nun die obere Hälfte der Schnittfläche rot, die untere weiß und darauf ein Gesicht. Zusätzlich können Sie Watte als Bart und Holzkugeln als Ohren ankleben. Hasen bekommen ein braunes Gesicht mit Schnurrhaaren und aus Moosgummi geschnittene Hasenohren aufgeklebt. Kleine Hexen brauchen einen lustigen Hut z. B. aus Moosgummi und vielleicht noch einen Stock mit Bast als Hexenbesen.

Tipp:
Die Länge und den Durchmesser der Figuren können Sie ganz beliebig halten. Auch mehrere gleiche Figuren unterschiedlicher Größe und Dicke sehen sehr nett nebeneinander aus. Die Schnittfläche ist ebenfalls variabel.

GESPRÄCHSANREGUNG:
→ Überlegen Sie gemeinsam, wo der Baumstamm stehen soll: Zur Begrüßung vor der Haustür? Als Deko auf der Küchenbank? Als Traumwächter auf der Kinderzimmer-Fensterbank?

FÖRDERUNG:
✓ Fein- und Grobmotorik, Konzentration, achtsamer Umgang mit Werkzeug, Ideenfindung

63 Laubsägearbeit

SIE BRAUCHEN:

• Sperrholz (z. B. 5 mm dick) • Laubsäge und Blatt • Schmirgelpapier • Acrylarbe • Pinsel • (Hand-)Bohrer • Band oder Draht • evtl. Heißkleber • evtl. Klarlack • kleine Eisenstange

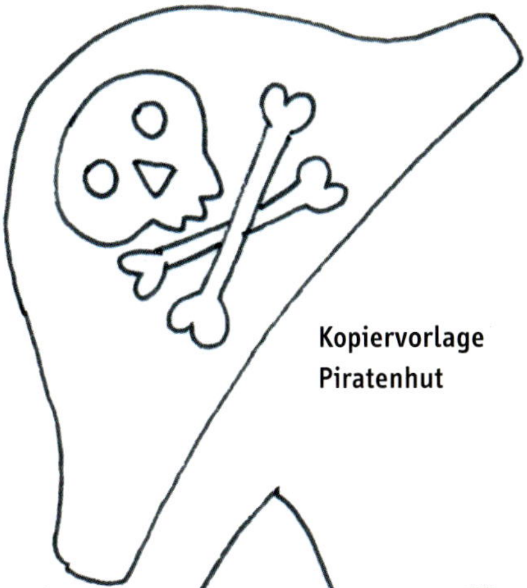

Kopiervorlage Piratenhut

Kopiervorlage Krone

Zeichnen Sie den Umriss eines Piratenhuts oder einer Krone auf die Sperrholzplatte. Spannen Sie ein Blatt in die Laubsäge ein. Sägen Sie immer an einem alten Tisch o. Ä. Drücken Sie mit der linken Hand (Linkshänder jeweils andersherum) die Platte auf eine Tischkante und sägen mit der rechten Hand. Ihr Kind kann je nach Geschick und Alter allein sägen, während Sie die Platte halten oder aber den Griff beim Sägen mit Ihnen zusammen festhalten. Danach darf es die Kanten abschleifen. Nun kann Ihr Kind den Hut oder die Krone schwarz bzw. golden anmalen.
Sie können auch den Namen Ihres Kindes darauf schreiben. Bohren Sie zwei Löcher, durch die Sie ein Band oder einen Draht ziehen. Nun können Sie den Hut oder die Krone z. B. als Türschild an die Kinderzimmertür hängen.

Tipp:

Sie können auch ein schönes Gartenschild sägen: Als Motiv eignet sich eine einfache Schnecke, ein Schmetterling, ein Blatt oder eine Blume. Lackieren Sie das Motiv wetterfest. Nun befestigen Sie die Schilder mit Draht oder Heißkleber an einer Stange, die Sie in Beete oder Blumentöpfe stecken können.

GESPRÄCHSANREGUNG:

→ Vielleicht hat Ihr Kind noch eine andere Idee, was man aus der Laubsägearbeit machen könnte? Überlegen Sie gemeinsam, wofür Sie die gefertigten Schilder noch nutzen könnten.

FÖRDERUNG:

✓ Handmotorik, Kräfteeinsatz, Geduld, Auge-Hand-Koordination, Grobmotorik, Konzentration

Naturmaterial

Mit kaum einem anderen Material lässt sich so kreativ arbeiten wie mit den Fundstücken aus der Natur. Sammeln, sortieren, zusammenstecken, kleben – immer neu lassen sich die in Form, Farbe und Struktur so unterschiedlichen Dinge gestalten. Und nebenbei sammelt Ihr Kind wertvolle Erfahrungen und Wissen über die Natur.

64 Natur entdecken

SIE BRAUCHEN:

• Natur (Wald, Stadtpark, Wiese o. Ä.) • evtl. Tragetasche oder Tüte

Gehen Sie mit Ihrem Kind in die Natur – dazu reicht manchmal schon der Grünstreifen neben dem Gehweg. Sammeln Sie Pflanzen, Stöcke, Steine, alles Natürliche, was Ihnen beiden interessant erscheint. Zu Hause sehen Sie sich die Fundstücke gemeinsam an. Sortieren Sie alles. Vielleicht erklären Sie Ihrem Kind dieses oder jenes – kennen Sie die Pflanzen, zu denen die Blätter gehören?

Sie können nun zusammen ein Bild legen – eine Blume aus Steinen, ein Haus aus Früchten und Nüssen oder ein Gesicht aus Blättern, Ästen und Blumen. Was fällt Ihnen noch ein?

Spannend ist es auch, von jeder Sorte der Fundstücke eines in eine Tasche zu stecken. Nun darf Ihr Kind ohne zu schauen die Hand hineinstecken und etwas greifen. Wie fühlt es sich an? Was glaubt Ihr Kind, hat es da ertastet?

Tipp:

Gestalten Sie einen Barfußweg: Malen Sie draußen mehrere Kästchen auf die Steine (etwa Ihre Fußgröße). Legen Sie jedes Kästchen mit verschiedenen Naturmaterialien aus (Blätter, Blumen, Äste, Sand etc.). Laufen Sie mit Ihrem Kind barfuß von Kästchen zu Kästchen. Wie fühlt sich das an? Vielleicht errät Ihr Kind die Materialien sogar mit verbundenen Augen?

GESPRÄCHSANREGUNG:

→ Überlegen Sie gemeinsam: Wie fühlen sich die Dinge an? Kalt, warm? Rau oder glatt? Zerbrechen sie schnell oder sind sie sehr widerstandsfähig? Was findet Ihr Kind schön, was seltsam oder sogar unheimlich oder eklig?

FÖRDERUNG:

✓ Körperwahrnehmung, Sinne schulen, Kennenlernen von Naturmaterialien und ihren Eigenschaften, Grob- und Feinmotorik

65 Mit Steinen bauen

SIE BRAUCHEN:

- 10 – 20 Steine (gefundene oder aus dem Baumarkt)
- einen Eimer mit Wasser
- evtl. Silberdraht

Für dieses Projekt benötigen Sie flache Steine, egal, ob klein oder groß. Schauen Sie sich die Steine an: Was unterscheidet sie? Sind sie rau oder glatt, einfarbig oder gemustert? Sind alle Steine grau? Wie schwer ist ein Stein? Füllen Sie einen Eimer mit Wasser. Ihr Kind darf die Steine hineinfallen lassen. Gehen die Steine unter und wie? Gerade oder in Kreisen? Spritzen größere Steine mehr als kleine? Was geschieht, wenn Ihr Kind den Stein herausnimmt und abwischt, ist er dann ganz trocken?
Versuchen Sie, aus den Steinen einen Turm zu bauen. Gelingt das? Vielleicht schaffen Sie gemeinsam sogar eine kleine Brücke?

GESPRÄCHSANREGUNG:

→ Sprechen Sie über Ihre Entdeckungen. Stellen Sie Ihrem Kind offene Fragen, auf die es nicht nur mit Ja oder Nein antworten kann, (z. B. „Was siehst du?“). So animieren Sie es zum Erzählen.

FÖRDERUNG:

✓ Feinmotorik, Beobachtungsgabe, logisches Denken

Tipp:

Wenn Sie einen besonderen kleinen Stein entdecken, können Sie Silberdraht darum herum wickeln, an dessen Ende sie eine kleine Öse formen. Das ist ein wunderschöner Kettenanhänger!

66 Steine anmalen

SIE BRAUCHEN:

• Steine (gefundene oder aus dem Baumarkt) • Acrylfarben • Pinsel • evtl. Klarlack (matt oder glänzend, wetterfest) • evtl. Teelicht • evtl. Heißkleber

Schöne, kinderhandtellergroße Steine kann man in der Natur suchen, in Wäldern, an Steinstränden – oder auch im Baumarkt kaufen. Waschen und trocknen Sie die Steine. Nun darf Ihr Kind die Steine bemalen: Was soll aus dem Stein werden? Ein Tier? Mit gelb-schwarzen breiten Streifen und einem schwarzen Kopf wird eine Biene daraus. Rot, mit schwarzen Punkten und einem roten Kopf ein Marienkäfer. Was fällt Ihnen beiden noch ein? Flache runde Steine werden mit goldener Farbe zu Goldmünzen!

Die angemalten Steine müssen natürlich trocknen. Lange haltbar und wetterfest (für den Garten z.B.) machen Sie die Steine mit einer Schicht Klarlack, die Sie nach dem Trocknen der Farbe auftragen. Nun können die Steine als Briefbeschwerer dienen, Beete oder Fensterbänke verzieren oder zum Spielen genutzt werden.

Tipp:

Basteln Sie einen Kerzenhalter: Ihr Kind malt den Stein in seiner Lieblingsfarbe an. Dann schreibt es (oder Sie) seinen Namen auf eine Hälfte. Auf die andere Hälfte kleben Sie mit der Heißklebepistole (bitte nicht in Kinderhände!) ein Teelicht.

GESPRÄCHSANREGUNG:

→ Warum hat Ihr Kind sich einen bestimmten Stein zum Anmalen ausgewählt? Fragen Sie es, was ihm gerade daran so gut gefällt.

FÖRDERUNG:

✓ Fingerfertigkeit, Ideen entwickeln, Sinne schulen, Farbenlehre

67 Steine zum Lernen

SIE BRAUCHEN:
• Steine (gefundene oder aus dem Baumarkt) • Acrylfarben • evtl. Leuchtfarbe • Pinsel • evtl. Klarlack • evtl. zwei Eimer

Nach dem Waschen und Trocknen malen Sie die Steine mit kräftigen Farben an. Nun schreiben Sie Zahlen darauf (größere Kinder können auch selbst schreiben), z. B. von eins bis zehn. Jetzt können Sie die Steine vielseitig zum Spielen einsetzen: Sie können z. B. eine Schnitzeljagd machen, das geht auch in der Wohnung. Der Weg muss den Zahlen nach verfolgt werden. Oder Sie stellen für jeden einen Eimer auf und werfen aus einem festgelegten Abstand die Steine hinein. Zählen Sie die Zahlen zusammen – wer hat die meisten Punkte? Auch zum Zählenüben oder für erste Matheaufgaben eignen sich die Steine. Sie können auch Buchstaben darauf schreiben und z. B. den Namen Ihres Kindes damit legen.

Tipp:
Bemalen Sie die Steine mit Leuchtfarbe - so leuchten sie im Dunkeln. An einem finsteren Winterabend kann Mama eine Spur durch die Nachbarschaft legen und das Kind mit Papa, Oma oder Onkel der Spur folgen!

GESPRÄCHSANREGUNG:

→ Zählen Sie spielerisch: Sie zählen vor und rechnen laut – dann beginnt Ihr Kind ebenfalls, sich für Zahlen und Rechnen zu interessieren!

FÖRDERUNG:

✓ Feinmotorik, Grobmotorik, Konzentration, Zahlenbegriff, Zählen lernen, Zielgenauigkeit

68 Blumen entdecken

SIE BRAUCHEN:

• Natur mit Blumen • evtl. Topf • evtl. Sonnenblumensamen • evtl. Papier oder Klappkarte

Machen Sie einen Ausflug ins Grüne. Auf einer Blumenwiese oder an Wegesrändern entdecken Sie viele Blumen: Löwenzahnblüten, Gänseblümchen, Wiesenschaumkraut, Butterblumen – auch schöne Gräser können Sie pflücken. Knoten Sie vorsichtig einen Stängel um den nächsten, um einen Blumenkranz zu winden. Stecken Sie Ihrem Kind die Blumen ins Haar – nun ist es eine Fee! Pflücken Sie einen Strauß für Oma oder die nette Nachbarin. Ein Gänseblümchen können Sie beim Picknick sogar probieren – sie sind essbar!
Zu Hause können Sie die Blüten z. B. im Telefonbuch trocknen (dauert ca. zwei Wochen) und dann auf Papier oder Karten kleben.

Tipp:

Ein Langzeitprojekt: Züchten Sie in einem kleinen Topf aus Samen eine Sonnenblume, die Sie später in einen größeren Topf umtopfen. Im Sommer sieht sie schön aus – und im Herbst kommen die Vögel und naschen die Körner heraus!

GESPRÄCHSANREGUNG:

→ Welche Farben haben Sie bei den Blumen entdeckt? Gibt es Farben, die Ihr Kind sehr oft gesehen hat? Hat Ihr Kind auch Tiere zwischen den Blumen entdeckt? Welche? Sprechen Sie über das Erlebte und Gesehene.

FÖRDERUNG:

✓ Handmotorik, vorsichtiger Umgang mit fragilen Objekten, Neugier, Farben erkennen, Zuordnen von Dingen, Sinne schulen

69 Eisblumen

SIE BRAUCHEN:
• Eiswürfelbehälter • Gefrierschrank • Wasser • Blüten • Faden oder Band

Ihr Kind sucht schöne Blüten heraus und schneidet den Stiel ab. Nun steckt es die Blüten in eine Reihe der Vertiefungen eines Eiswürfelbehälters und gießt vorsichtig Wasser hinein. Legen Sie nun einen Faden der Länge nach durch alle Vertiefungen einer Reihe ins Wasser, damit er mit einfriert. Auf einer Seite sollte der Faden ca. 20 cm „überhängen". Stellen Sie den Behälter nun gemeinsam in den Gefrierschrank. Am nächsten Tag kann Ihr Kind die Eiswürfel herausklopfen – und hat eine Kette aus Eisblumen! Hängen Sie sie draußen auf. Im Sommer wird das Eis schnell wegschmelzen, im Winter haben Sie länger etwas von dem Blumenschmuck. Probieren Sie verschieden große Blüten aus – oder verschiedene Farbschattierungen.

Tipp:
Füllen Sie eine flache runde Schale mit wenig Wasser. Ihr Kind legt nun ein Muster aus Blüten hinein (und ein Band zum Aufhängen). Frieren Sie die Schale eine Stunde lang ein. Nun gießen Sie etwas mehr Wasser hinzu und lassen es über Nacht gefrieren. So entsteht ein schönes rundes Bild zum Aufhängen.

GESPRÄCHSANREGUNG:

→ Besprechen Sie mit Ihrem Kind, was geschieht: Das Wasser friert ein und die Blumen bleiben darin erhalten. Und was passiert, wenn das Eis warm wird?

FÖRDERUNG:

✓ Feinmotorik, Bastelerfahrung mit Temperaturunterschieden, Muster erkennen

70 Kastanien und Eicheln sammeln

SIE BRAUCHEN:

• gesammelte Kastanien und Eicheln • evtl. Schüssel • evtl. Messer

Kastanien und Eicheln suchen macht allen Kindern Spaß. Machen Sie sich auf zum nächsten Baum und sammeln Sie! Zu Hause können Sie die Kastanien der Größe nach ordnen. Mit ihnen Murmelspiele spielen, sie auf der Heizung wärmen und dann beim Spaziergang als Handwärmer mitnehmen. Oder probieren, möglichst genau in eine Schüssel zu treffen.
Schneiden Sie auch gemeinsam eine Kastanie und eine Eichel auf – wie sehen sie von innen aus?
Pflanzen Sie eine Eichel oder eine Kastanie in einen Topf und halten Sie die Erde warm und feucht. Nach wenigen Wochen können Sie ein zartes Pflänzchen sehen – und das ist wahrhaftig ein kleiner neuer Baum.

Tipp:

Sammeln Sie viele Eicheln und Kastanien und füllen Sie eine kleine Wanne oder den Boden der Badewanne damit! In so einem Bällebad kann man sich verstecken und die Früchte fühlen, riechen und spüren – eben mit allen Sinnen erfahren.

GESPRÄCHSANREGUNG:

→ Sprechen Sie über Ihre Sinneseindrücke: Wie fühlen sich die Kastanien an? Die Schale piekt! Ist sie feucht? Riecht sie? Was ist mit den Eicheln?
Sehen Sie sich die Früchte nach ein paar Tagen noch einmal an – was entdeckt Ihr Kind?

FÖRDERUNG:

✓ Körperwahrnehmung, Sinne schulen, Natur erfahren, Größen unterscheiden, Formen erkennen

Kastanientiere

SIE BRAUCHEN:

• Kastanien und Eicheln • Zahnstocher, Streichhölzer oder Schaschlikstäbchen • kleinen Handbohrer (Baumarkt oder Bastelgeschäft) • Stifte in Weiß und Schwarz • Pfeifenreiniger • evtl. Schnur • evtl. stumpfe Sticknadel • evtl. Bastelpapierrest in Rot

Basteln Sie gemeinsam ein Kastanienmännchen. Am besten klappt es, wenn Sie mit einem kleinen Handbohrer ein Loch in die Kastanien vorstechen und dann die auf die passende Länge geschnittenen Holzstäbe einstecken. Lassen Sie das auch Ihr Kind versuchen. Außer witzigen Männchen lassen sich aus Eicheln und Kastanien auch Tiere basteln. Für eine Raupe stecken Sie mehrere Kastanien oder Eicheln hintereinander und zwei Fühler in den Kopf. Die Augen malen Sie auf. Für eine Spinne setzen Sie vier gekürzte Pfeifenreiniger-Stäbchen als Beine auf jede Seite. Ein Igel entsteht, wenn Sie viele sehr kurze Holzstäbchen in eine Kastanie stecken. Eine Schnecke braucht einen großen Körper, auf den Sie eine Spirale malen, und einen kleinen Kopf, an dem Sie Fühler befestigen.

Spinne

Raupe

Igel

Schnecke

Tipp:

Versuchen Sie einmal ganz durch die Kastanien hindurchzustechen. Ihr Kind kann dann mit einer stumpfen Sticknadel eine Schnur durch mehrere Kastanien ziehen. Auf die erste Kastanie malen Sie ein Gesicht auf, vielleicht kleben Sie auch eine lange Zunge an – nun haben Sie eine Schlange, die sich richtig schlängeln kann!

GESPRÄCHSANREGUNG:

→ Die Tiere und Männchen eignen sich gut für kleine Rollenspiele. Führen Sie mit Ihrem Kind auch ein Mini-Theaterstück auf!

FÖRDERUNG:

✓ Auge-Hand-Koordination, Feinmotorik, Konzentration, Kraftdosierung

7.2 Blätter rubbeln

SIE BRAUCHEN:
• viele verschiedene Blätter • Zeichenpapier • Buntstifte

Nicht nur im Herbst macht es Spaß, Blätter zu suchen: Auch im Sommer kann man versuchen die Bäume zu bestimmen, Blätter zu sammeln und zu sortieren. Vielleicht haben Sie alte und frische Blätter – dann vergleichen Sie: Was geschieht, wenn Ihr Kind die Blätter in die Hand legt und eine Faust macht?
Besonders schön sind Rubbelbilder von Blättern: Legen Sie das Pflanzenblatt unter ein Blatt Papier. Nun rubbelt Ihr Kind mit einem Buntstift über das Papier – und wie durch ein Wunder erscheint die Form des Blattes!

Tipp:
Sie können die gefundenen Blätter auch pressen und zu schönen Mustern oder Figuren legen: Gesichter, Blumen, Bäume – was fällt Ihrem Kind noch ein? Kleben Sie die Blätter gemeinsam fest und hängen Sie das Bild auf.

GESPRÄCHSANREGUNG:

→ Überlegen Sie mit Ihrem Kind: Wozu braucht der Baum Blätter? Warum haben manche Blätter Löcher, wer frisst sie hinein und warum?

FÖRDERUNG:

✓ Körperwahrnehmung, Sinne schulen, ein Projekt fertig stellen, Formen und Muster erkennen, Farbwahrnehmung

73 Blättergeister

SIE BRAUCHEN:

• große Blätter • kleine Holzkugeln (ø ca. 2-3 cm) • Basteldraht • Bast oder Federn • Filzstift in Schwarz

Basteln Sie kleine Waldgeister: Suchen Sie mit Ihrem Kind draußen nach schönen großen Blättern – Ahornblätter, Kastanienblätter oder große Eichenblätter. Ihr Kind legt die Blätter zum Trocknen auf die Fensterbank oder zwischen zwei Küchentücher. Sie sollten nicht völlig glatt gepresst werden, sonst sind sie für einen Waldgeist zu fein! Ihr Kind bindet zwei oder drei Blätter mit einem Draht an den Stielen zusammen und führt den Draht durch die Holzkugel. Stecken Sie etwas Bast, Federn o. Ä. in die obere Öffnung der Kugel und wickeln Sie den Draht noch zweimal herum. Führen Sie den Draht dann nach oben, er dient auch zur Aufhängung. Malen Sie dem Waldgeist jetzt noch Augen, Nase und Mund auf. Wie sieht er aus? Traurig, fröhlich, grimmig, gruselig?

GESPRÄCHSANREGUNG:

→ Im Kleinkindalter glauben fast alle Kinder an Geister und Gespenster. Wie ist das bei Ihrem Kind? Gibt es denn auch gute Geister? Helfen die Ihrem Kind und beschützen es? Welche sind das, vielleicht Elfen und Feen?

FÖRDERUNG:

✓ Feinmotorik, Auge-Hand-Koordination, Formen und Strukturen wahrnehmen, Sinneserfahrung

Tipp:

Hängen Sie zwei oder drei Geister vor die Haustür oder vor das Fenster Ihres Kindes: Das vertreibt alle Gespenster, Geister und Monster, die in den Träumen herumspuken!

Zweige sammeln

SIE BRAUCHEN:
• Zweige und kleine Äste • (Paket-)Schnur oder anderes Band

Sammeln Sie gemeinsam im Wald oder im Park unterschiedlich große Zweige und Äste. Sie sind eigentlich zu jeder Jahreszeit auf dem Boden zu entdecken, bitte schneiden Sie aber keine jungen Triebe ab!

Mit kleinen Zweigen lassen sich sehr gut Buchstaben legen. Vielleicht legen Sie auch zusammen den Namen Ihres Kindes? Probieren Sie Bilder aus: vielleicht ein Haus, ein Auto oder eine Figur? Kleine Zweige eignen sich auch hervorragend, um die Burg im Sandkasten zu verschönern mit Brücken, Zäunen oder Fahnenstangen.

Größere Äste können mit einer Schnur zu Angeln werden oder als Segelstangen im (Karton-)Boot dienen.

Tipp:

Binden Sie die Äste zusammen: Vier Stöcke im Quadrat auslegen, sodass sich die Enden kreuzen. Nun mit Paketschnur oder anderem Band die Enden zu einem einfachen Bilderrahmen verbinden. Oder einen kurzen und einen langen Stock wie ein Kreuz aufeinanderlegen und zu einem Schwert schnüren.

GESPRÄCHSANREGUNG:

→ Was geschieht mit den Ästen in der Natur, wenn Sie keiner einsammelt? Nutzen Sie den Spaziergang, um mit Ihrem Kind über die Abläufe in der Natur zu sprechen. Was weiß es selbst schon, was denkt es sich?

FÖRDERUNG:

✓ Handmotorik, Ideenfindung, Unterschiede erkennen, Buchstaben lernen

75 Floß aus Zweigen

SIE BRAUCHEN:
• mehrere kleine Äste • Band oder Schnur, nicht zu dick • Schere • Gartenschere

Helfen Sie Ihrem Kind, mehrere Äste mit der Gartenschere auf gleiche Länge zu kappen. Nun legt Ihr Kind die Äste nebeneinander und windet die Schnur durch die Äste: immer abwechselnd oben drüber und unten drunter. Noch einmal zurück, evtl. ein drittes Mal. Knoten Sie das Band dann fest. Nun kann Ihr Kind noch einen dünnen Zweig als Mast zwischen den gewundenen Schnüren feststecken. An den Mast können Sie ein Segel aus Papier oder aus einem Stoffrest befestigen. Ihr Kind kann das Segel vorher auch bemalen! Nun lässt Ihr Kind das Floß schwimmen (z. B. in der Badewanne) – klappt es? Kann Ihr Kind sogar etwas auf dem Floß schwimmen lassen? Ein Männchen? Einen Stein? Ein kleines Spielzeugtier?

Tipp:
Bauen Sie doch gemeinsam eine ganze Flotte: Ein Stück Baumrinde mit einem „Mast" darin schwimmt ebenfalls ganz passabel. Vielleicht gelingt Ihnen sogar ein Nussschalenschiffchen mit Minimast?

GESPRÄCHSANREGUNG:

→ Sprechen Sie mit Ihrem Kind darüber, was es sieht: Das Holz schwimmt! Fragen Sie Ihr Kind, wie es das Schiffchen antreiben könnte. Mit der Hand? Durch Pusten? Fällt ihm noch etwas ein?

FÖRDERUNG:

✓ Feinmotorik, Kräfte einsetzen, Auge-Hand-Koordination, logisches Denken

76 Astrasseln

SIE BRAUCHEN:

• kleine Äste mit einer Astgabel • Gartenschere oder Astschere • Handbohrer • Nagel und Hammer oder Dosenlocher • ca. 10 Kronkorken • Bindedraht

Sammeln Sie Äste, die eine Gabel haben. Schneiden Sie die Äste auf eine handliche Größe zurecht. Nun darf Ihr Kind mit Ihrer Hilfe Löcher in die Kronkorken schlagen: entweder mit einem Dosenlocher oder mit Nagel und Hammer (jeweils einen Holzklotz o. Ä. als feste Unterlage nehmen!). Wickeln Sie einen Draht um die eine Seite der Astgabel. Lassen Sie Ihr Kind nun die Kronkorken auffädeln, danach können Sie den Draht auf der anderen Seite befestigen. Der Draht sollte straff gespannt sein, damit die Kronkorken sich gut bewegen können.

Tipp:

Aus einer Astgabel können Sie auch andere Sachen basteln: Mit einem Einweck-Gummi stellen Sie eine kleine Schleuder her. Oder Sie spannen ein Stück (Gemüse-)Netz dazwischen, schon kann Ihr Kind im Wasser Blätter fischen!

GESPRÄCHSANREGUNG:

→ Machen Sie gemeinsam Musik: Sie können auf Töpfe trommeln und dazu rasseln – und natürlich ein Lied dabei singen!

FÖRDERUNG:

✓ Auge-Hand-Koordination, Handmotorik, genaues Beobachten, Kräfteeinsatz, Hörsinn

Recyclingmaterial

Recyclingmaterial gibt es in jedem Haushalt bergeweise. Gesammelt und gesäubert ergibt es einen spannenden Fundus für kleine Bastler. Schnell kommen Kindern kreative Ideen für eine neue Nutzung. Aus Altem etwas Neues machen schult den Blick Ihres Kindes für den Wert von Gegenständen. Es lernt verschiedenste Materialien und ihre Eigenschaften kennen und entwickelt einen Sinn für Formen und geometrische Körper.

77 Blechdosen nutzen

SIE BRAUCHEN:

• leere Blechdosen • Dosenlocher • evtl. Band • evtl. Schnur (z.B. Wäscheleinenschnur oder Seil)

Entfernen Sie die Papierumhüllung von ca. drei bis fünf Blechdosen und waschen Sie sie gut aus. Nun können Sie die Dosen zum Dosenwerfen benutzen. Oder Sie treten eine Dose zu einem Knäuel und spielen zusammen Fußball – das klackert so schön! Vielleicht hängen Sie einige Dosen eng nebeneinander an einen Ast oder das Balkongeländer. Scheppern sie im Wind? (Denken Sie jedoch an die Nachbarn und nehmen die Dosen abends wieder ab!) Befestigen Sie auch mal einige Dosen an einem Band hinten am Fahrrad – Achtung, hier kommt die Dosensirene!

Stanzen Sie ein kleines Loch in die Mitte des Dosenbodens. Verbinden Sie nun zwei Dosen durch eine Schnur (im Inneren einen Knoten machen). Nun können Sie mit Ihrem Kind über eine längere Entfernung sprechen. Die Schnur des Dosentelefons muss dafür straff gespannt sein! Für einfache Stelzen stanzen Sie gegenüberliegend zwei Löcher in die Dose. Eine lange, feste Schnur, die im Doseninneren verknotet wird, dient als Halteseil jeder „Stelze".

Tipp:

Wenn Kinder mit Dosen spielen, kleben Sie eventuelle scharfe Kanten immer mit festem Klebeband ab, um Schnittverletzungen zu vermeiden!

GESPRÄCHSANREGUNG:

→ Probieren Sie das Dosentelefon ausgiebig aus: Reden Sie laut oder leise – versteht Ihr Kind alles? Lachen Sie hinein, das ist ansteckend! Flüstern Sie ein lustiges Wort oder einen einfachen Zungenbrecher – kann Ihr Kind ihn wiederholen?

FÖRDERUNG:

✓ Sprachvermögen, Handmotorik, Grobmotorik, physikalische Zusammenhänge, Zuhören

78 Dosen für den Kaufmannsladen

SIE BRAUCHEN:
• gesäuberte Cremedosen, Bonbondosen o.Ä. • selbstklebende Folie oder Tonpapier und Klebstoff • wasserfeste Stifte • getrocknete Erbsen, Nudeln, Gummibärchen o. Ä.

Sammeln Sie Bobondosen, Cremedosen oder kaufen Sie alte Dosen auf dem Flohmarkt.

Wenn Sie die Dosen gesäubert haben, kann Ihr Kind sie in eine Dose für den Kaufmannsladen verwandeln: Legen Sie eine Dose auf die selbstklebende Folie oder das Tonpapier und zeichnen Sie den Umriss nach. Ihr Kind kann nun den Umriss ausschneiden und die ausgeschnittenen Folie auf die Dose kleben. Jetzt können Sie mit einem wasserfesten Stift darauf schreiben, was ab jetzt in der Dose sein wird: Erbsen (getrocknet), kleine Nudeln, Gummibärchen, Reis, Hirse etc. Vielleicht möchte Ihr Kind aber auch den Inhalt der Dose oder einfach bunte Muster auf die Form malen? Probieren Sie auch andere Papierarten aus: Geschenkpapier, Packpapier oder auch ausgedruckte Fotos?

GESPRÄCHSANREGUNG:

→ Gehen Sie gemeinsam in der Küche auf Ideensuche: Was können Sie noch gut für den Kaufmannsladen verwenden? Wie wäre es mit Teebeuteln? Smarties? Sonnenblumenkerne als Vogelfutter?

FÖRDERUNG:

✓ Feinmotorik (schneiden), Ideenfindung, Fantasie, Gestalten

Tipp:

Bekleben Sie evtl. auch die Ränder oder den Boden, wenn dort zu viel vom vorherigen Produkt zu sehen ist.

79 Spardose basteln

SIE BRAUCHEN:

• Dose mit flüssigem Inhalt (z.B. Dosenmilch, Kokosmilch o. Ä.) • evtl. festes Klebeband • Messer oder Dosenlocher • Acrylfarbe • Pinsel • evtl. dicken Holzstab • evtl. Heißkleber • evtl. Erbsen

Stechen Sie gemeinsam einen Schlitz in den Deckel der Dose – so groß, dass ein Zwei-Euro-Stück gut hindurchpasst. Nun lassen Sie die Flüssigkeit in einen anderen Behälter fließen (diese ist natürlich noch verwendbar!). Waschen Sie die Dose von innen und außen und entfernen Sie das Umschlagpapier. Falls die Kanten des Schlitzes scharf sind, kleben Sie diese mit festem Klebeband ab. Stellen Sie die Dose kopfüber und lassen Sie sie gut trocknen. Nun kann Ihr Kind die Dose bemalen – z.B. in einer Grundfarbe, auf die Sie später „Meine Spardose“ oder „Mein Klimpergeld“ schreiben. Oder es bemalt die Dose kunterbunt oder beklebt sie, vielleicht sogar mit der Kopie eines Geldscheins? Von nun an kann Ihr Kind sein gespartes Geld hineinstecken. Ist die Dose voll, wird sie einfach mit einem Dosenöffner geöffnet.

Tipp:

Probieren Sie auch eine Rassel aus. Ritzen Sie ein größeres Loch in den Dosendeckel. Nach dem Trocknen füllen Sie getrocknete Erbsen in die Dose. Geben Sie Heißkleber auf einen dicken Holzstab, den Sie durch das Loch stecken und von innen an den Deckel kleben. Verkleben Sie auch die Lochränder an dem Stab. (Achtung: Die Rassel ist nicht für Babys geeignet!)

GESPRÄCHSANREGUNG:

→ Schauen Sie sich einmal Geldstücke zusammen an. Ihr Kind kann viel entdecken: Was unterscheidet die Münzen? Welche sind kleiner und warum? Wie viel Geld liegt vor Ihrem Kind? Kann es die Zahlen lesen?

FÖRDERUNG:

✓ Feinmotorik, Zahlen und zählen lernen, akustische Wahrnehmung, Annährung an Wert von Geldstücken

80 Karton-Neubau

SIE BRAUCHEN:
• große Kartons • Stift • Messer (am besten mit geriffelter Schnittkante) • Acrylfarbe • dicke Pinsel

Basteln Sie ein Kartonhaus: Zeichnen Sie die Umrisse vor, die Ihr Kind schneiden soll. Nun kann es mit dem Messer die Linien nachritzen. Es entstehen eine Tür, ein Fenster zum Öffnen (ein liegendes H zeichnen), vielleicht auch ein Briefkasten? Anschließend malen Sie das Haus zusammen kunterbunt an.
Aus langen, aber schmalen Kartons können Sie eine Rakete bauen: Einstiegstür, Gucklöcher – und obendrauf eine Spitze mit Alufolie umwickelt. Bei kleineren Kartons malen Sie Lampen und Reifen auf, schon ist das Auto fertig. Oder sie gestalten ein Schiff mit Besenstiel und Küchenhandtuch als Segel – sicher fällt Ihnen noch viel mehr ein!

FÖRDERUNG:

✓ Handmotorik, Kräfteeinsatz, Ideenfindung, Fantasie ausleben, Linien ziehen

GESPRÄCHSANREGUNG:

→ Machen Sie ein Autorennen: Erst sind Sie der Kommentator, dann Ihr Kind. Oder Sie gehen mit dem Schiff auf Angelpartie: Wer angelt die verrücktesten Dinge? Animieren Sie Ihr Kind zum Sprechen!

Tipp:

Für ein Kasperltheater stellen Sie den Karton hochkant auf und ritzen gemeinsam ein Fenster hinein. Tackern Sie zwei Stoffstücke als Vorhang an den oberen Rand. An jeder Seite des Fensters führen Sie ein Band durch ein Loch, mit dem Sie den Vorhang zur Seite binden können. Nun malen Sie den Karton an und spielen zusammen Theater!

8 Flaschen-Fundstücke

SIE BRAUCHEN:

• Plastikflaschen (z.B. Getränkeflaschen, Glasreiniger- oder Spülmittelflaschen) • Malfarben • evtl. schwarze Klebefolie • evtl. Papier und Stifte • evtl. Sand • evtl. Trichter

Reinigen Sie die Flaschen mehrfach, damit z.B. keine Putzmittelreste mehr darin sind. Alte Spülmittelflaschen kann man im Sommer prima als Spritzpistolen benutzen: einfach Wasser einfüllen und draufdrücken! Sprühflaschen (z.B. von Glasreinigern) eignen sich besonders gut zum Spritzen. Sprayen Sie auch mal Graffitis mit Sprühflaschen: Mischen Sie etwas Farbe (Malfarben) ins Wasser und sprühen Sie gemeinsam auf eine lange Tapetenbahn.
Eine Flasche mit Schraubverschluss eignet sich prima für eine Flaschenpost! Vielleicht kann Ihr Kind die Flasche mit schwarzer Folie bekleben und einen weißen Totenkopf darauf malen. Dann schreibt es eine Einladung und steckt sie in die Flasche. Nun kann z.B. die Geburtstagseinladung verteilt werden! Vielleicht hat Ihr Kind auch Lust mit einem Trichter Sand in unterschiedlich großen Flaschen einzufüllen. Besonders schön sehen verschiedenfarbige Sandschichten aus (siehe auch Projekt 28).

Tipp:

In unseren Gewässern schwimmt schon genug Müll – spielen Sie mit der Flasche lieber in der Badewanne oder verstecken Sie sie im Garten.

GESPRÄCHSANREGUNG:

→ Ein kleiner Zungenbrecher macht Spaß: Wenn Piratenpepe popelt, pickt Papagei Poldi piepend in Pepes Popelpranke.

FÖRDERUNG:

✓ Ideen entwickeln, Dinge neu zu nutzen, Grob- und Feinmotorik, Farblehre, genau zielen

8 Glaslichter herstellen

SIE BRAUCHEN:
• leere Marmeladen-, Gurken- oder Pestogläser • Kleister • Pinsel
• buntes Transparentpapier • evtl. Acrylfarben • evtl. Klebstoff • evtl. Glitzerpulver
• evtl. Klebefolie

Waschen Sie die Gläser gut aus und entfernen Sie das Papier. Nun reißen Sie mit Ihrem Kind das Transparentpapier in kleine Stücke. Rühren Sie den Kleister an. Ihr Kind kann nun mit Pinsel oder Fingern den Kleister auftragen und das Papier aufdrücken. Lassen Sie die Gläser anschließend gut trocknen. Stellen Sie ein Teelicht hinein und verschönern Sie so Ihren Küchentisch!
Ihr Kind kann die Gläser auch mit Acrylfarbe bunt anmalen. Oder es zieht mit Klebstoff Linien und Kreise, über die Sie danach gemeinsam Glitzerpulver streuen. Das funkelt schön!

Tipp:
Nehmen Sie mehrere gleiche Gläser und verzieren Sie nur den Deckel – mit Folie, Malfarben o.Ä. In solchen Gläsern kann man sehr gut Kleinkram aufbewahren: Büroklammern, Gummibänder, einzelne Spielfiguren oder Puzzleteile. Vielleicht beschriften Sie die Gläser noch zusammen mit hübschen Schildern?

GESPRÄCHSANREGUNG:

→ Erfinden Sie gemeinsam eine Geschichte, z.B.: Eines nachts war es so dunkel, dass das Sandmännchen nichts sehen konnte. Da kam (Name Ihres Kindes) und leuchtete mit seinem Glaslicht. Zuerst gingen sie zum Eichhörnchen ... – Ihr Kind erfindet mit: Welche Tiere besucht werden, welche seiner Freunde, Verwandten etc.

FÖRDERUNG:

✓ Auge-Hand-Koordination, Feinmotorik, Geduld, Sinneserfahrung, taktile Wahrnehmung

83 Flaschen-Musik

SIE BRAUCHEN:
• Glasflaschen (von Getränken, Kaffeemilch, Salatsaucen, Ketchup etc.) • Band oder Schnur • Wasser • Kochlöffel, Esslöffel etc.

Säubern Sie die Flaschen gut. Helfen Sie Ihrem Kind dann, Bänder an den Flaschenhälsen zu befestigen. Nun darf Ihr Kind die Flaschen unterschiedlich voll mit Wasser füllen (z.B. mit Hilfe einer kleinen Gießkanne). Hängen Sie die Flaschen dann an einen Ast, das Balkongeländer o. Ä. Nun darf Ihr Kind vorsichtig mit einem Kochlöffel oder Holzstab dagegen schlagen. Wie klingt das? Experimentieren Sie gemeinsam: Durch Zufüllen oder Abgießen von Wasser werden die Töne heller oder dunkler! Wie klingen unterschiedlich große Flaschen, in denen das Wasser gleich hoch steht? Wie hört es sich an, wenn Ihr Kind mit einem anderen Stab dagegen klopft (z.B. Plastik, Metall-Esslöffel etc.)?

Tipp:
Hängen Sie die Flaschen gemeinsam nach Tonhöhe auf – vielleicht gelingt Ihnen sogar ein kleines Lied? Ihr Kind darf nach Herzenslust komponieren!

GESPRÄCHSANREGUNG:

→ Singen Sie zu der Musik! Ihr Kind kann auch selbst neue Lieder texten: Einfach zu den Tönen singen, das schult das Rhythmusgefühl. Singen Sie mit!

FÖRDERUNG:

✓ Feinmotorik, Zielgenauigkeit, Zuhören, Konzentration, Kräfte einschätzen und gezielt einsetzen, musische Bildung

Becher wieder verwenden

SIE BRAUCHEN:
• kleine Joghurtbecher • Wackelaugen • Klebstoff • Acrylfarben • evtl. Pappe • Schere • Klebeband • Reis

Sammeln Sie mehrere kleine Joghurtbecher. Ihr Kind darf sie auswaschen und abtrocknen. Nun kann es damit spielen: Mit den Bechern lassen sich hohe Stapeltürme bauen – und dann wieder umpusten! Oder Ihr Kind dreht die offene Becherseite nach unten, klebt Wackelaugen auf und befestigt noch Ohren oder Flügel. Schon ist ein kleines Tier entstanden!
Sie können auch einen Esslöffel Reis in einen Becher füllen und mit Klebeband oder Klebstoff einen zweiten Becher obendraufkleben – fertig ist die Rassel! Natürlich kann Ihr Kind die Becher auch vor dem Basteln und Spielen nach Herzenslust mit Acrylfarbe bemalen.

Tipp:

Wenn Sie den harten oberen Rand abschneiden, kann Ihr Kind vorsichtig vier Schnitte in den Becher machen und Augen aufmalen. Wenn Ihr Kind den Becher hinunterdrückt (Plastikstreifen nach außen) und dann loslässt, springt der „Frosch". Wer springt am weitesten?

GESPRÄCHSANREGUNG:

→ Spielen Sie das Spiel „Kofferpacken" mal anders: „Ich esse meinen Joghurt mit ... Erdbeeren!" Ihr Kind wiederholt den Satz und fügt etwas Neues hinzu: „Ich esse meinen Joghurt mit Erdbeeren und Spinat!"

FÖRDERUNG:

✓ Handmotorik, Auge-Hand-Koordination, Sprachvermögen, akustische Wahrnehmung

85 3-D-Becher-Memo

SIE BRAUCHEN:
• Joghurtbecher • kleine Dinge (je zwei gleiche: Ein-Cent-Stücke, Eicheln, Legosteinchen, Perlen etc.) • Heißkleber • evtl. Schere • evtl. breites, durchsichtiges Klebeband oder durchsichtige Folie

Basteln Sie ein 3-D-Memospiel. Waschen und säubern Sie mehrere gleiche kleine Joghurtbecher. Suchen Sie mit Ihrem Kind gemeinsam in der Wohnung nach kleinen Dingen, die Sie doppelt haben: Ein-Cent-Stücke, Legosteinchen, kleine Figuren, Perlen etc. Kleben Sie nun mit Heißkleber (bitte nur Sie, Ihr Kind kann Ihnen die Dinge anreichen) die Dinge innen am Becherboden fest. Nach dem Trocknen können Sie, wenn Sie möchten, den Becher mit durchsichtigem Klebeband oder durchsichtiger Folie zukleben. Nun können Sie mit dem Memospiel loslegen!

Tipp:
Spielen Sie das Hütchenspiel: Stellen Sie drei Becher mit verschiedenem Inhalt auf. Ihr Kind darf unter alle gucken. Nun verdecken Sie sie wieder und schieben die Becher wild hin und her. Kann Ihr Kind schließlich sagen, unter welchem Becher sich was versteckt?

GESPRÄCHSANREGUNG:

→ Überlegen Sie gemeinsam, was alles in die Becher geklebt werden kann – Ihr Kind hat sicher tolle Ideen! Geht etwas nicht? Weiß Ihr Kind, warum (z.B. zu groß, könnte schimmelig werden, zu schwer etc.)?

FÖRDERUNG:

✓ Zugehörigkeiten erkennen, Gedächtnisschulung, Symbole und Formen zuordnen, Geduld

86 Kronkorken-Magnete

SIE BRAUCHEN:

• Kronkorken • kleine Magnete (Bastelgeschäft oder Baumarkt) • Korken • Klebstoff • Acrylfarbe • Pinsel • Zeitschriften oder Fotos • Schere • evtl. Metallleiste

Schneiden Sie eine ca. 5 mm dicke Scheibe von den Korken ab und kleben Sie diese in den Kronkorken. Kleben Sie nun gemeinsam einen Magneten hinein. Jetzt kann Ihr Kind die Kronkorken in seinen Lieblingsfarben bemalen. Lassen Sie sie anschließend gut trocknen. Nun sucht Ihr Kind ein schönes Motiv aus einer Zeitschrift oder ein Foto von sich oder jemand anderem und schneidet es aus. Es muss natürlich klein genug sein – Ihr Kind kann den Kronkorken immer auf das Motiv legen, um das zu prüfen: Verschwindet das Motiv, passt es. Kleben Sie dann gemeinsam das ausgeschnittene Motiv auf den Kronkorken. Sie können natürlich auch bunte Aufkleber oder Wackelaugen auf die Kronkorken kleben oder Namen darauf schreiben. Sind die Magnete fertig – ab an den Kühlschrank!

Tipp:

Fertigen Sie eine Pinnwand für das Kinderzimmer an: Schrauben Sie gemeinsam eine Metallleiste an die Wand. Erstellen Sie mehrere Kronkorken, z.B. zu einem Thema: Prinzessin, Piraten oder Tiere? Jetzt kann Ihr Kind seine Fotos und Bilder mit den Magneten an die Leiste hängen!

GESPRÄCHSANREGUNG:

→ Kronkorken klimpern so schön: Ihr Kind schließt die Augen. Sie lassen den Kronkorken in seiner Nähe fallen (klappt nicht auf Teppich). Kann es sagen, aus welcher Richtung der Ton kam?

FÖRDERUNG:

✓ Feinmotorik, Geduld, Größenverhältnisse, Schulung des Hörvermögens, Kennenlernen von Magnetismus

87 Deckel-Medaillen

SIE BRAUCHEN:

• Deckel von Gurken-, Marmeladengläsern etc. • Acrylfarbe • Pinsel • Stifte • Aufkleber • Klebstoff • evtl. durchsichtige Klebefolie • Band oder Schnur • Dosenlocher o. Ä.

Lassen Sie Ihr Kind verschiedene Deckel von Marmeladengläsern o. Ä. mit Acrylfarbe bemalen. Die Deckel sollten dann gut trocknen. Nun kann Ihr Kind ihn nach Herzenslust verzieren, bekleben oder mit Ihrer Hilfe beschriften. Wenn Sie möchten, können Sie den Deckel auch noch mit durchsichtiger Folie überziehen. Schließlich stechen Sie von oben durch den Deckelrand zwei Löcher und Ihr Kind fädelt ein langes Band hindurch. Sie können den zukünftigen Medaillenträger sofort küren oder die Medaille als Anreiz in die Küche hängen – allerdings sollte das Ziel nur wenige Tage entfernt sein!

Tipp:

Ideen für Medaillien-Aufschriften: Gewinner im Fußballspiel; Sieger 2011 beim Eierlaufen; 1. Platz beim Wettlauf; Das tapferste Kind des Tages; Medaille für das mutigste Kind; Das 1. Mal beim Zahnarzt!; Endlich Kindergartenkind!; Achtung, windelfrei! etc.

GESPRÄCHSANREGUNG:

→ Überlegen Sie gemeinsam, wofür Sie die Medaillen nutzen wollen: Als Preis beim nächsten Kindergeburtstag? Als Belohnung für Ihr Kind, wenn es bald das erste Mal beim Zahnarzt war? Möchte Ihr Kind auch Ihnen eine Medaille verleihen? Als bester Geschichtenvorleser z.B.?

FÖRDERUNG:

✓ Feinmotorik, Konzentration, Geduld, kleinteilig arbeiten, Ideenfindung, Buchstaben kennenlernen

88 Klopapierrollen verwerten

SIE BRAUCHEN:

• leere Klopapierrollen • Stifte oder Wasser-, Acryl-, oder Temperafarben und Pinsel • Schere • Tonkarton • Klebstoff • evtl. Alufolie

Aus Klopapierrollen lässt sich eine Menge zaubern: Zwei zusammengeklebte Rollen ergeben z.B. ein Fernglas. Ihr Kind kann eine Rolle bunt anmalen und auf ein Stück bunten Tonkarton kleben – schon hat es einen Stifthalter. Und schließlich lässt sich eine tolle Rakete daraus bauen: Ihr Kind kann die Rolle silbern anmalen oder mit Alufolie umwickeln. Es schneidet drei silberne Dreiecke aus, schneidet diese von oben ein und steckt die Rolle darauf. Fertigen Sie noch eine silberne Spitze und kleben Sie diese gemeinsam fest. Der Countdown läuft!

Tipp:

Ihr Kind drückt die Klorolle platt. Nun schneidet es die oberen Ecken ab, sodass eine Spitze entsteht. Danach malt es die Rolle an: als Häuschen (so ist schnell eine Stadt entstanden), als kleine Zwerge oder Nikoläuse, sicher haben Sie zusammen noch viele andere Ideen.

GESPRÄCHSANREGUNG:

→ Spielen Sie Liederraten: Tröten Sie eine Melodie durch die Klorolle – erkennt Ihr Kind das Lied? Kann es auch eines trompeten?

FÖRDERUNG:

✓ Feinmotorik, Ideenfindung, Formen und geometrische Körper kennenlernen

89 Klopapierrollenschloss

SIE BRAUCHEN:

• (mindestens) 4 leere Klopapierrollen • Schere • Bastel-Cuttermesser • Schuhkarton • Acrylfarben • Pinsel • evtl. Tonkarton • evtl. Lochzange

Machen Sie zwei 4 – 6 cm lange Schnitte (Abstand ca. 3 cm) in die vier Klopapierrollen. Stecken Sie diese mit dem schmalen Teil nach innen auf die vier Ecken des Kartons. Das ist das Grundgerüst für Ihr Schloss! Ihr Kind kann es nun anmalen. Sie können gemeinsam Zinnen in die Burgtürme schneiden und Fenster und Türen einschneiden. Ritzen Sie ein Burgtor ein (Achtung: nur den Bogen, nicht die untere Kante schneiden!). Stanzen Sie Löcher neben den Bogen. Nun befestigen Sie einen Faden am Burgtor und ziehen ihn durch die Löcher. Ihr Kind kann das Burgtor jetzt auf- und zumachen. Für ein Prinzessinnenschloss schneiden Sie rosa Kreise (z.B. 10 cm Durchmesser), z. B. aus Tonkarton aus, machen einen Schnitt bis zur Mitte und drehen Sie zum Dach zusammen. Kleben Sie die Dächer auf die Rollentürme. Mit kleinen Legomännchen oder anderen Spielfiguren kann Ihr Kind nun prima mit dem Schloss spielen!

Tipp:

Für ein großes Schiff: Schneiden Sie mit Ihrem Kind die Rollen mittig durch. Kleben Sie die Rollen seitlich als Kanonenrohre fest. Der Kartondeckel wird zum Schiffsdeck, eine leere Küchenrolle zum Hauptmast. Segel, Ruder und Kapitänskajüte schneiden Sie aus Tonkarton aus. Jetzt anmalen und Schiff ahoi!

GESPRÄCHSANREGUNG:

→ Spielen Sie! Erzählen Sie sich gegenseitig Geschichten, die hier geschehen. Machen Sie Rollenspiele und fantasieren Sie gemeinsam!

FÖRDERUNG:

✓ Handmotorik, Objekt planen und fertig stellen, Konzentration, Themenwelt erstellen, geometrische Körper kennenlernen

Fröschlein aus Eierkarton

SIE BRAUCHEN:
• einen Eierkarton • Schere •Acrylfarben in Grün und Rot • Pinsel • Klebstoff • Wackelaugen • evtl. Netz oder Sieb

Ihr Kind schneidet aus dem Eierkarton die Vertiefungen heraus. Es muss gar nicht perfekt gerade sein. Nun malt es die „Schälchen“ von außen dunkelgrün an. Nach dem Trocknen kleben Sie die Wackelaugen auf und malen noch einen breiten, roten Mund darunter. Fertig sind die Fröschlein! Sie können die Frösche hinstellen, aufhängen oder eine Pyramide daraus bauen und mit einem kleinen Ball umrollen. Oder Sie spielen mit Ihrem Kind „Frösche pusten“: Stellen Sie die Frösche nebeneinander an einer Tischkante auf. Ihr Kind stellt sich auf die andere Seite des Tisches und bläst so kräftig es kann. Kann es alle Frösche vom Tisch pusten? Stellen Sie die Frösche weiter auseinander. Wer schafft es jetzt? Wenn Sie pusten, kann Ihr Kind auch mit einem Netz oder Sieb hinter dem Tisch stehen und versuchen, die Fröschlein zu fangen!

Tipp:
Ihr Kind kann die Vertiefungen auch mit anderen Farben bemalen und dann Ohren, Schwänzchen oder Nasen aufkleben – so werden daraus Schweine, Kühe, Katzen, Hasen – Ihnen und Ihrem Kind fallen sicher noch viel mehr Tiere ein!

GESPRÄCHSANREGUNG:

→ Probieren Sie mal wieder einen Zungenbrecher:
Freche Frösche fangen flinke Fliegen.
Flinke Fliegen fangen freche Frösche.

FÖRDERUNG:

✓ Fingerfertigkeit, Konzentration, Grobmotorik, Körperwahrnehmung

9 Tetrapack-Tasche

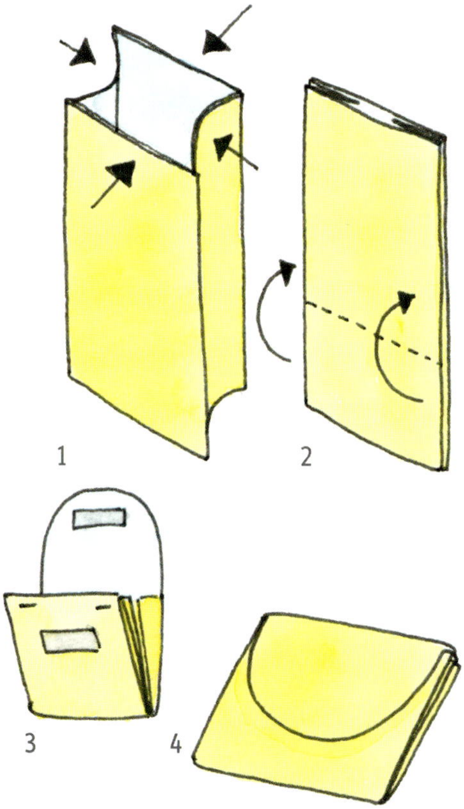

SIE BRAUCHEN:
• Tetrapackverpackung von Milch oder Saft • Schere • selbstklebendes Klettband oder Druckknöpfe

Schneiden Sie den Boden und den „Kopf" der Verpackung ab. Nun drückt Ihr Kind die beiden Seiten nach innen und presst Vorder- und Rückseite kräftig zusammen. Nun das untere Drittel der Verpackung nach oben knicken. Nochmals gut drücken. Jetzt schneiden Sie vom oberen Drittel die Seiten und die Vorderseite ab. Die übrig bleibende Rückseite schneiden Sie leicht rund. Ihr Kind faltet sie über die Öffnung nach vorn. Nun klebt es die beiden Teile eines Klettbandes erst zwischen die Mittelteile und dann vorne drauf und unter die Lasche. Fertig ist das Täschchen!

Tipp:

Planen Sie vor dem Schneiden ein wenig: Sehen Sie sich die Verpackung an. Was wäre eine hübsche Stelle für die Vorderseite? Schneiden und falten Sie entsprechend.

GESPRÄCHSANREGUNG:

→ Wie könnte Ihr Kind das Täschchen nutzen? Als Portemonnaie, zum Sammeln von Aufklebern oder Karten – was fällt Ihnen gemeinsam noch ein?

FÖRDERUNG:

✓ Auge-Hand-Koordination, Feinmotorik, Geduld, Kräfteeinsatz, logisches Denken

Digitale Medien

Digitale Medien werden oft kritisch als passive Ablenkung betrachtet. Doch sie bieten eine große Vielfalt an Möglichkeiten, kreativ zu sein. Während ältere Kinder diese Medien schon sehr selbstständig nutzen, können Vorschulkinder langsam an sie herangeführt werden. Ob Fotoapparat, Hörmedien, Fernsehen, Video, Computer oder iPad, Kinder können damit ihre Fantasie ausleben, ihre Ideen umsetzen und dabei ein gesundes Medienverhalten lernen.

Einfaches Fotografieren

SIE BRAUCHEN:

• Fotoapparat • evtl. Foto- oder einfaches Druckpapier

Besorgen Sie einen Fotoapparat, mit dem Ihr Kind allein fotografieren darf. Das kann ein alter Apparat von Ihnen sein, ein Gebrauchter von Oma oder aus dem Bekanntenkreis – oder vom Flohmarkt? Es muss keine neue Kinderkamera sein! Erklären Sie Ihrem Kind, dass es vorsichtig sein muss und wie der Apparat funktioniert. Nun darf es losziehen und Fotos machen. Interessant wird es, wenn gezielt zu einem Thema fotografiert wird: Ihr Kind kann Lieblingssachen fotografieren, z. B. Blumen, Fahrzeuge, Fußballspieler beim Sonntagsspiel oder Tiere. Eine lustige Idee ist es auch, von jemanden alle Körperteile einzeln zu fotografieren und später die ausgedruckten Fotos als Collage z.B. an eine Tür zu kleben. Oder Ihr Kind knipst lustige, alberne oder gruslige Grimassen. Es kann auch Fotos von einem Familienfest oder von einem Tag im Kindergarten machen, so entsteht sogar eine kleine Reportage. Ihnen fällt bestimmt noch mehr ein!

Tipp:

Es ist nicht wichtig, ob der Fotoapparat analog oder digital funktioniert. Allerdings bietet die digitale Fotografie die Möglichkeit, mehr Fotos zu machen und schnell zu lernen, wie gute Aufnahmen entstehen. Und schlechte Fotos kann Ihr Kind einfach löschen und Sie müssen sie nicht für Geld entwickeln lassen.

GESPRÄCHSANREGUNG:

→ Besprechen Sie die Fotos später: Was war gut? Auf welchen Fotos ist nur Verschwommenes zu sehen und warum? Wie kann ein Foto besser gelingen? Geben Sie nicht nur Tipps, sondern lassen Sie Ihr Kind auch mitdenken.

FÖRDERUNG:

✓ Logisches Denken, Feinmotorik, räumliches Vorstellungsvermögen, Beobachtungsgabe

Mit Fotos gestalten

SIE BRAUCHEN:

• ausgedruckte Fotos (am eigenen Drucker oder bestellt) • Moosgummiplatte • evtl. Tonkarton • durchsichtige Klebefolie • Schere • Stift • Locher • Satinband

Kleben Sie ein Foto (z.B. 20 x 15 cm) auf eine dicke Moosgummiplatte und darüber durchsichtige Folie. Schon haben Sie ein Mousepad. Oder vergrößern Sie das Bild auf DIN-A4-Größe und schneiden Sie es in Streifen passend für mehrere Ordnerrücken. Die Ordner ergeben nebeneinandergestellt wieder ein ganzes Bild. Sie können auch gemeinsam ein Fotoalbum erstellen, vielleicht zu einem bestimmten Thema (siehe vorheriges Projekt). Gestalten Sie dazu verschiedene bunte DIN-A4-Tonkartonblätter, die sie schließlich lochen und mit einem Satinband zusammenbinden.

Tipp:

Viele Anbieter (in Geschäften oder übers Internet) bieten tolle Dinge für Ihre Fotos an: T-Shirts, Becher, Taschen – vielleicht können Sie gemeinsam ein Geschenk mit einem selbst gemachten Foto Ihres Kindes für jemanden drucken lassen?

GESPRÄCHSANREGUNG:

→ Überlegen Sie gemeinsam, welche Fotos sich eignen. Welches Motiv kann man gut für ein Puzzle nutzen? Schaut die Person in die Kamera? Ist alles scharf?

FÖRDERUNG:

✓ Feinmotorik, Auge-Hand-Koordination, Konzentration, Ideenfindung, Objekte planen und durchführen

Daumenkino

SIE BRAUCHEN:

• Fotoapparat • doppelseitiges Klebeband (oder stark haftende Fotoklebepads) • buntes Klebeband • Schere

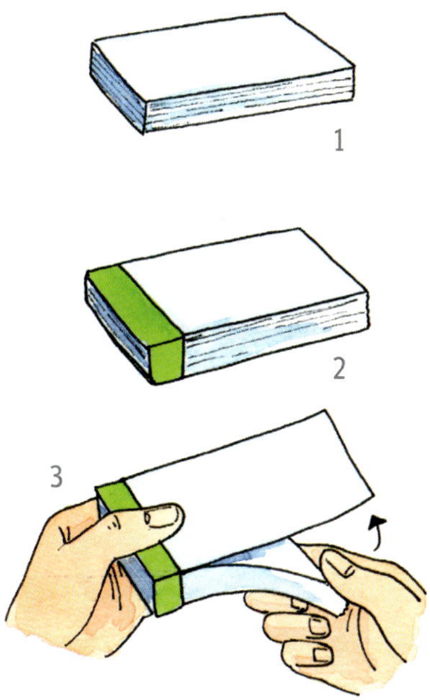

Für ein Daumenkino brauchen Sie eine kleine Idee, was geschehen soll. Der Schauspieler muss die Bewegungen nun Schritt für Schritt, wie ein Roboter nacheinander ausführen und jeweils innehalten, bis ein Foto gemacht wurde. Vielleicht möchte Ihr Kind das übernehmen? Der Fotograf geht nicht nah ran und bewegt sich nicht von der Stelle, um die Perspektive nicht zu verändern. Haben Sie 10 – 20 Fotos gemacht, so drucken Sie diese aus oder lassen sie entwickeln. Dann schneiden Sie alle auf ein kleineres, handliches, längliches (!) Querformat zurecht. Kleben Sie die einzelnen Fotos am ganz linken Rand mit doppelseitigem Klebeband zusammen und wickeln Sie noch ein hübsches buntes Klebeband darum herum. Nun lassen Sie die Bilder laufen!

Tipp:

Beispiele für lustige Daumenkinoszenen: Ihr Kind isst langsam einen Schokokuss: Auf jedem Bild ist etwas mehr abgebissen, es kaut zwischendurch, beißt hinein, der Mund ist von Mal zu Mal etwas mehr verschmiert, am Ende grinst es breit. Oder: Ihr Kind fährt langsam auf einer langen Spielstraße mit dem Fahrrad auf sie zu. Am Ende passiert…? Was fällt Ihnen ein?

GESPRÄCHSANREGUNG:

→ Besprechen Sie genau, was passieren soll. Was meint Ihr Kind, welcher Ablauf der beste ist? Warum? Werten Sie die Fotos auch gemeinsam aus!

FÖRDERUNG:

✓ Ideenfindung, Entwicklung und Ausführung eines Projektes, Geduld, Konzentration, Handmotorik, Beobachtungsgabe

Handy-Hör-Rätsel

SIE BRAUCHEN:
- Handy mit Aufnahmefunktion

Mit den meisten Handys kann man auch Geräusche oder Gespräche aufnehmen. Zeigen Sie Ihrem Kind, wie das geht. Nun kann es überall, wo Sie sind, interessante Geräusche aufnehmen: das Brummen des Rasenmähers, die Durchsage im Supermarkt, das Rauschen der Dusche, das Zirpen einer Grille, Vogelgezwitscher, Schritte auf Kies – es wird unzählige Dinge entdecken. Zu Hause setzen sich alle an den Küchentisch und hören zu. Was war das noch mal? Erraten Sie die Geräusche? Weiß Ihr Kind noch alles?

Tipp:

Überlegen Sie, ob Sie Ihrem Kind Ihr aktuelles Handy geben möchten – oft existieren in der Familie oder bei Bekannten noch ältere Handys, die Kinder nutzen dürfen.

GESPRÄCHSANREGUNG:

→ Nehmen Sie auch sich selbst auf: Reime, lustige Geräusche, Zungenbrecher, gemeinsames Singen – alles schult das Sprachvermögen und macht Spaß!

FÖRDERUNG:

✓ Schulung der Sinne, Beobachtungsgabe, logisches Denken, Planung, Erinnerung und Merkvermögen, Sprachentwicklung

96 Einen Film drehen

SIE BRAUCHEN:
• Videokamera • „Schauspieler“ (Mama, Papa etc.) • Musik
• evtl. Requisiten (Tisch, Kekse, Gummistiefel etc.)

Drehen Sie zusammen einen Kurzfilm. Dazu müssen Sie vorher ein Thema festlegen, die Schauspieler (Kind, Papa, Mama, Patenonkel, Hund?) und natürlich ein Drehbuch entwerfen. Was soll geschehen? Wird es ein Krimi oder eher etwas Lustiges?
Beispiel: Jemand schleicht mit großem Hut und Gummistiefeln in die Küche und klaut die Kekse. Dann kommt das Kind herein: Wer hat die Kekse genommen? Es macht sich auf Spurensuche – dicke Erdkrumen! – es muss also jemand mit groben Sohlen gewesen! Alle müssen die Schuhe zeigen – siehe da, Mama hat Gummistiefel mit Erdkrumen darunter an – Fall gelöst!
Natürlich wirkt der Film noch besser, wenn Sie während der Szenen spannende Musik laufen lassen ...

Tipp:
Wenn Sie selbst keine Videokamera haben, leihen Sie sich eine – irgendjemand in Ihrer Bekannt- oder Verwandtschaft besitzt sicher eine Kamera. Wenn sie digital ist, umso besser, dann können Sie den Film später stets auf dem Computer anschauen! Alternativ lassen sich auch kleine Sequenzen mit der Handykamera aufnehmen.

GESPRÄCHSANREGUNG:

→ Überlegen Sie gemeinsam, wie der Film heißen soll. Welche Namen bekommen die Schauspieler? Was genau sollen sie sagen?

FÖRDERUNG:

✓ Konzentration, ein großes Projekt planen und erarbeiten, Umgang mit Medien

Finger-Malerei

SIE BRAUCHEN:
• Smartphone oder Tablet-Computer (z.B. iPad von Apple) • Anwendungsprogramme, z. B. einfaches Malprogramm

Die günstig zu erwerbenden oder häufig auch kostenlosen „Apps“ (= applications, also Anwendungsprogramme) für einen Tablet-Computer sind inzwischen so vielseitig, dass Sie auch hervorragende Kreativ-Programme für Kinder finden. Interessant ist dabei die direkte Berührung des Bildschirms mit den Fingern ohne ein Zwischengerät. Kindgerechte Malprogramme ermöglichen es, mit Farben und Effekten zu experimentieren, Formen, Bilder, Linien oder Muster zu entwickeln und wieder zu verwerfen. Es gibt auch Programme, bei denen Sie mit Ihrem Kind gemeinsam malen und danach das fertige Bild anschauen können. Ihr Kind wird schnell die Bedienung des Computers herausfinden und viel Spaß dabei haben.

Tipp:
Weitere Programme, die einen kreativen Umgang ermöglichen, sind Musikprogramme (z. B. eine Klaviertastatur) oder Programme zur Foto-Verfremdung. Natürlich gibt es auch diverse Lern- und Spielprogramme.

GESPRÄCHSANREGUNG:

→ Lassen Sie sich auch mal von Ihrem Kind etwas zeigen: Bald wird es hervorragend wissen, wie man Farben ändert oder neue Effekte erstellt.

FÖRDERUNG:

✓ Linienführung, Auge-Hand-Koordination, Konzentration, Beobachtungsgabe, Umgang mit Touchscreens

Verrückte Fotos

SIE BRAUCHEN:

• digitales Foto • Computer oder Tablet-Computer • Foto-Bearbeitungs-Programm (kostenlos im Internet erhältlich)

Laden Sie sich ein Programm zur Bildbearbeitung herunter. Nun zeigen Sie Ihrem Kind einfache Möglichkeiten, ein Gesicht zu verändern: Die Nase wird riesig, die Augen lila, der Mund verdreht. Färben Sie Bilder auch mal in verschiedenen Farben ein. Das alles macht Kindern riesigen Spaß. Sie können auch einen Bart einfügen oder eine Brille – was fällt Ihnen noch ein?
Ein kleiner Hinweis: Geben Sie in eine Suchmaschine Begriffe wie z.B. „Fotos lustig bearbeiten" ein, dann erhalten Sie Angebote zur passenden Software.

Tipp:
Es gibt auch Spiele im Internet, in denen man Fotos von Stars verzerren kann.

GESPRÄCHSANREGUNG:

→ Weisen Sie Ihr Kind auf den Respekt anderen Personen gegenüber und das Recht am eigenen Bild hin: Die hergestellten Fotos dürfen natürlich niemanden verletzen oder ihm schaden!

FÖRDERUNG:

✓ Feinmotorik, optische Wahrnehmung, Konzentration, Fantasie

Zeitung am Computer erstellen

SIE BRAUCHEN:
• Computer mit einfachem Schreibprogramm • Farbdrucker

Üben Sie mit Ihrem Kind, wie man die Maus bewegt. Entdecken Sie zusammen, wie man Kästchen öffnen kann, in die Sie Texte schreiben oder Fotos stellen können. Erstellen Sie ein Zeitungscover: Oben erscheint groß der Name Ihrer Zeitung (z.B. Familienexpress, Extrablatt). Darunter vielleicht ein Foto und eine erste Schlagzeile oder ein kurzer Text. Sie müssen zwar schreiben, aber Ihr Kind wird viele Einfälle für die Inhalte haben oder für Farben und Bilder. Auf die zweite Seite können Sie einen Artikel mit Foto platzieren. Worüber möchte Ihr Kind berichten? Den letzten Ausflug? Seinen Geburtstag? Einen Kindergartentag? Am Ende drucken Sie die Seiten aus und Ihr Kind heftet sie zusammen.

Tipp:
Sie können auch zwischen den Überschriften viel Platz lassen, den Ihr Kind selbst gestalten kann. Es kann malen (den Ausflug, ein Familienporträt) oder Bilder, Comics und Witze aus Zeitschriften ausschneiden und aufkleben – Ihrem Kind wird viel einfallen! Auch die Fotos können Sie einkleben, statt sie am Computer einzufügen.

GESPRÄCHSANREGUNG:

→ Kinder haben viele Fragen zum Computer. Überlegen Sie gemeinsam, wie die Buchstaben von der Tastatur in den Computer gelangen (Kabel!). In diesem Alter genügen meist einfache Erklärungen, für die Sie kein Computerexperte sein müssen.

FÖRDERUNG:

✓ Auge-Hand-Koordination, Fingerfertigkeit, logisches Denken, Buchstaben kennenlernen, Konzentration

Internet nutzen

SIE BRAUCHEN:
• Computer mit Internetzugang • einfaches Schreibprogramm (z.B. Word)
• Farbdrucker • Klebstoff • evtl. Band

Suchen Sie gemeinsam mit Ihrem Kind im Internet nach schönen Bildern, Mustern oder Motiven, die Sie markieren und in ein Schreibprogramm übertragen. Wenn Sie Ihrem Kind die Schritte erklären, kann es bald schon selbst Bilder hinüberziehen. Vergrößern Sie die Bilder gegebenenfalls auch. Vielleicht erstellen Sie aus mehreren Bildern eine Collage? Drucken Sie die fertige Collage aus. Nun können Sie daraus etwas basteln: Schneiden Sie ein Lesezeichen aus (z.B. 5 x 15 cm) und befestigen Sie ein Band daran. Oder falten Sie zusammen einen einfachen Briefumschlag. Schneiden Sie ein Blatt zurecht, das sie um eine Tafel Schokolade wickeln und auf der Rückseite festkleben. Dann können Sie es z.B. mit einem AufKlebstoff „Für Opa" versehen. So basteln Sie eine personalisierte Überraschung!
Achtung: Bleiben Sie bei Ihrem Kind, lassen Sie es mit der großen Welt des Internets nicht allein! (Informationen dazu finden Sie z.B. beim Bundesministerium für Familie, Senioren, Frauen und Jugend).

Tipp:
Niemand muss schon mit vier Jahren im Internet surfen. Doch wenn Sie und Ihr Kind neugierig sind, dürfen Sie ruhig loslegen. Es schadet nicht, für begrenzte Zeit gemeinsam am Computer zu sitzen. Aber Sie vergeben auch keine Förderungschance, wenn Sie es noch nicht tun!

GESPRÄCHSANREGUNG:

→ Schauen sie nicht nur stumm auf den Bildschirm, reden Sie mit Ihrem Kind! Fragen Sie es nach Besonderheiten, die es entdeckt. Nach Dingen, die es interessieren. Sprechen Sie über die Internetseiten, die Sie besuchen und darüber, was man dort machen kann.

FÖRDERUNG:

✓ Wissensaneignung, logisches Denken, Feinmotorik, Auge-Hand-Koordination, Konzentration, Medienkompetenz

Förder- und Projektübersicht

Kreative Beschäftigungen wie Basteln, Heimwerken oder Spielen beanspruchen Kinder ganzheitlich. Kopf, Herz und Körper sind dabei, während sie ein Ziel verfolgen – etwa bei der Erstellung eines Objekts, beim Vertrautmachen mit einem bestimmten Material oder beim Experimentieren mit neuen Stoffen. Diese ganzheitlichen Erfahrungen ermöglichen die Förderung verschiedenster Entwicklungsbereiche bei Ihrem Kind, die ihm helfen, sich im Alltag zu behaupten. Und nicht zuletzt bilden sie die Grundlage für schulrelevante Fähigkeiten. Manche Projekte und Materialien sind Ihnen und Ihrem Kind sicher schon vertraut, andere erarbeiten Sie sich nun gemeinsam. Am Ende der Tabelle können Sie ankreuzen, welche Bas-

Projekt	Seite	Kreativität	Feinmotorik	Grobmotorik	Selbstständigkeit	Geduld/ Ausdauer
Farben						
Stifte ausprobieren	9	●	●			
Farben pusten	10	●	●			●
Mit Wasserfarben malen	11	●	●			
Spritztechnik	12	●	●			●
Stempel herstellen	13	●	●			●
Klecksbilder	14	●	●			
Leinwand bemalen	15	●	●		●	●
Fingerfarben entdecken	16	●	●			
Fingerfarben-Fensterbild	17	●	●			●
Handabdruck mit Fingerfarben	18	●	●			●
Farbe selbst herstellen	19	●	●		●	●

telarbeiten Sie schon ausprobiert haben. So erkennen Sie mit einem raschen Blick, welche Ideen noch auf Sie warten. Natürlich muss die Tabelle nicht „abgearbeitet“ werden, alle Vorschläge und Materialien sollen Sie und Ihr Kind dazu anregen, die Welt kreativ zu erfahren und zu gestalten. Sicher entwickeln Sie noch viele weitere Ideen, wie Sie gemeinsam mit Ihrem Kind kreativ werden können. Viel Spaß dabei!

Konzentration	Sinneserfahrung	Logisches Denken	Beobachten	Sprache	Körperwahrnehmung	Gemacht am
•	•			•		
•	•		•			
•			•			
•			•			
•	•	•				
•			•			
•		•	•	•		
	•		•		•	
•	•		•	•	•	
•	•				•	
•	•	•	•		•	

Projekt	Seite	Kreativität	Feinmotorik	Grobmotorik	Selbstän-digkeit	Geduld/ Ausdauer
Kreidekunst auf der Straße	20	•	•	•		•
Kreide auf Tafel	21	•	•			•
Papier und Pappe						
Zeitschriftencollage	23	•	•			
Papiermodelle falten	24	•	•			
Geschenk einpacken	25	•	•		•	•
Papiergirlande schneiden	26	•	•			•
Hexentreppe falten	27	•	•			•
Pappmaschee gestalten	28	•	•			•
Papierkügelchen aufkleben	29	•	•			•
Kreise schneiden	30	•	•			•
Ich-Buch	31	•	•			•
Schachtel gestalten	32	•	•			
Laterne basteln	33	•	•			
Kopfschmuck fertigen	34	•	•			
Pappmobile	35	•	•			
Sand, Gips, Ton, Knete, Salzteig						
Sand erforschen	37	•	•			•
Sandbilder	38	•	•			•
Matschsand	39	•	•	•		
Gipsguss	40	•	•		•	•
Gipsbinden	41	•	•		•	•
Gipstierchen	42	•	•		•	•

	Konzentration	Sinneserfahrung	Logisches Denken	Beobachten	Sprache	Körperwahrnehmung	Gemacht am
			•				
	•				•		
	•		•		•		
	•		•		•		
	•		•				
	•		•		•		
	•					•	
						•	
	•				•		
	•				•	•	
	•		•				
	•		•				
					•	•	
	•		•		•		
		•		•	•	•	
	•	•		•		•	
		•	•	•		•	
	•		•	•	•		
	•	•		•		•	
	•			•			

Projekt	Seite	Kreativität	Feinmotorik	Grobmotorik	Selbständigkeit	Geduld/ Ausdauer
Ton ausprobieren	43	●	●			●
Tonschüssel formen	44	●	●			●
Tonscheibe gestalten	45	●	●			●
Knetkunst	46	●	●			
Knetfischchen	47	●	●			●
Salzteigbäcker	48	●	●			●
Salzteiglieblinge	49	●	●			●
Faden und Stoff						
Fäden entdecken	51	●	●			●
Einfaches Stickbild	52	●	●		●	●
Pompon wickeln	53	●	●			●
Malen mit Fäden	54	●	●			●
Einfache Handpuppe	55	●	●			●
Bälle filzen	56	●	●			●
Erstes Weben	57	●	●		●	●
Stoffbeutel nähen	58	●	●			
Verkleiden	59	●	●	●	●	
Einfache Taschen nähen	60	●	●			●
Knoten und Schleifen	61	●	●	●		●
Nähmaschine kennenlernen	62	●	●			●
Knöpfe entdecken	63	●	●			
Holz						
Basteln mit Holzresten	65	●	●	●	●	●
Hammer und Nägel ausprobieren	66	●	●	●	●	●
Bilderrahmen aus Holz	67	●	●	●		●

	Konzentration	Sinneserfahrung	Logisches Denken	Beobachten	Sprache	Körperwahrnehmung	Gemacht am
	•	•		•		•	
	•	•				•	
	•	•	•			•	
		•			•	•	
	•	•	•			•	
	•	•			•	•	
	•	•				•	
		•					
	•		•				
					•		
	•		•	•			
					•	•	
		•		•		•	
	•	•	•				
	•		•				
						•	
	•		•				
		•				•	
	•		•	•			
		•					
	•	•				•	
	•		•		•	•	
	•		•			•	

Projekt	Seite	Kreativität	Feinmotorik	Grobmotorik	Selbständigkeit	Geduld/ Ausdauer
Schrauben und Holz	69	•	•	•		•
Sägen und bohren	70	•	•	•		
Kunst aus Ästen	71	•	•	•		•
Stockbrotstock schnitzen	72	•	•	•	•	•
Indianischer Totempfahl	73	•	•	•	•	•
Holzfiguren	74	•	•	•	•	•
Laubsägearbeit	75	•	•	•		•
Naturmaterialien						
Natur entdecken	77	•	•	•		•
Mit Steinen bauen	78	•	•			•
Steine anmalen	79	•	•			•
Steine zum Lernen	80	•	•	•		
Blumen entdecken	81	•	•			•
Eisblumen	82	•	•			•
Kastanien und Eicheln sammeln	83	•	•	•		•
Kastanientiere	84	•	•			•
Blätter rubbeln	85	•	•			
Blättergeister	86	•	•			
Zweige sammeln	87	•	•	•		
Floß aus Zweigen	88	•	•			
Astrasseln	89	•	•			•
Recyclingmaterial						
Blechdosen nutzen	91	•	•	•		
Dosen für den Kaufmannsladen	92	•	•			
Spardose basteln	93	•	•			

	Konzentration	Sinneserfahrung	Logisches Denken	Beobachten	Sprache	Körperwahrnehmung	Gemacht am
	•	•	•			•	
	•					•	
		•		•		•	
	•	•				•	
	•	•	•			•	
	•	•	•			•	
	•	•				•	
		•		•		•	
	•	•	•	•		•	
		•				•	
			•		•		
		•		•		•	
		•	•	•		•	
		•		•		•	
	•	•			•		
	•	•		•			
	•	•					
		•				•	
	•						
		•	•		•	•	
	•						
			•				

Projekt	Seite	Kreativität	Feinmotorik	Grobmotorik	Selbständigkeit	Geduld/ Ausdauer
Karton-Neubau	94	●	●	●		●
Flaschen-Fundstücke	95	●	●			
Glaslichter herstellen	96	●	●			●
Flaschen-Musik	97	●	●		●	●
Becher wieder verwenden	98	●	●			
3-D-Becher-Memo	99	●	●			●
Kronkorken-Magnete	100	●	●			●
Deckel-Medaillen	101	●	●			
Klopapierrollen verwerten	102	●	●			●
Klopapierrollen-Schloss	103	●	●			●
Fröschlein aus Eierkarton	104	●	●			
Tetrapack-Tasche	105	●	●			●
Medien						
Einfaches Fotografieren	107	●	●		●	●
Mit Fotos gestalten	108	●	●			
Daumenkino	109	●	●		●	●
Handy-Hör-Rätsel	110	●	●		●	●
Einen Film drehen	111	●			●	●
Finger-Malerei	112	●				●
Verrückte Fotos	113	●				
Zeitung am Computer erstellen	114	●				●
Internet nutzen	115	●	●			●

	Konzentration	Sinneser-fahrung	Logisches Denken	Beobachten	Sprache	Körperwahr-nehmung	Gemacht am
	•		•		•	•	
				•	•	•	
	•				•		
	•	•	•	•	•		
	•				•		
	•		•				
	•	•					
	•						
	•				•		
	•				•	•	
	•						
	•		•				
	•		•	•			
	•						
	•		•	•			
	•	•	•	•	•		
	•		•	•	•		
	•		•				
	•			•			
	•		•				
	•			•			

Noch mehr Ideen und Materialien

Wir haben Ihnen in diesem Buch 100 Dinge und acht Materialien vorgestellt, die Sie zur kreativen Gestaltung mit Ihrem Kind ermuntern. Doch natürlich gibt es noch viel mehr Ideen, Materialien und Möglichkeiten, die nur darauf warten, von Ihnen und Ihrem Kind entdeckt und ausprobiert zu werden. Wir wünschen Ihnen viel Spaß dabei!

METALL

- Gemeinsam alte Löffel oder Gabeln vom Flohmarkt zu Armbändern biegen
- Bleigießen
- Basteldraht zu Spiralen oder Figuren zum Aufhängen biegen
- Aus kleinen Metallgegenständen ein Klang-Mobile für den Garten basteln
- Mit Metallgegenständen Musik machen (z.B. wie Trommeln oder Becken benutzen)
- Mit Metallpapier basteln: Sterne schneiden, Bilder eingravieren (mit Bleistift), Streifen zu Kreisen oder Spiralen biegen
- Mit Teelichthüllen experimentieren: schwimmen lassen, Sterne basteln (seitlich Zacken einschneiden und dann flach drücken), zu einem Herz zusammenkleben und z.B. kleine Schokoküsse oder Gummibärchen hineinstellen als Tischdekoration

LUFT

- Experimentieren: Wieviel Luft passt in einen Ballon? Was passiert, wenn man die Luft unter Wasser aus dem Ballon herauslässt?
- Ein Windrad bauen, um bewegte Luft zu „sehen“
- Atemluft kennenlernen: Seifenblasen pusten, an Scheiben hauchen und Bilder malen, Töne auf einer Flasche blasen, pfeifen
- Experimentieren mit warmer Luft (steigt auf): Kerzen an Weihnachtspyramide anzünden und die Bewegung beobachten,
- Heißluftballons erklären
- Ein Stück Schlauch in einen mit Wasser gefüllten Eimer, der auf einem Stuhl steht, halten, läuft das Wasser in einen Eimer, der auf dem Boden steht? Dann etwas Wasser ansaugen – was passiert nun?

WASSER

- Fühlen: heißes und kaltes Wasser
- Mit Wasser malen: Nasse Füße hinterlassen Spuren!
- Schaum in der Badewanne machen und Bärte und Hüte formen
- Mit dem Wasserschlauch spritzen: Wer entdeckt den Regenbogen?
- Wie die Feuerwehr mit dem Gartenschlauch ein Pappkartonhaus umspritzen
- An einem Bach einen Staudamm bauen
- Beobachten, wie Wasser zu Dampf wird: z.B. an einem Kochtopf mit Glasdeckel (Achtung, heiß!)
- Mehrere Strohhalme ineinanderstecken – lässt sich durch einen so langen Halm noch Wasser saugen?

FEUER

(Achtung! Bitte stets unter Aufsicht, an geeigneten Orten, mit Regeln und Vorsichtsmaßnahmen!)

- Dinge abbrennen (Papier, Pappe, trockenes Laub – brennt frisches Gras?)
- Wachsbilder in Wasserglas tropfen (mit brennender Kerze)
- Kartoffeln in Alufolie in die Lagerfeuerglut legen
- Kleine Feuer löschen: mit Sand, Wasser, alter Decke, geht auch auspusten?
- Mit der Lupe im heißen Sonnenlicht ein Papier entzünden
- Große und kleine Streichhölzer oder Wunderkerzen entzünden

ESSEN

- Trockene Penne-Nudeln auf einem Faden zur Kette auffädeln
- Einen Kürbis als gruselige Laterne aushöhlen
- Zuckerstückchen zu einem Häuschen stapeln
- Gemeinsam backen (Pizza, Plätzchen etc.)
- Kresse pflanzen (z.B. auf Watte in geköpftem Ei als Haare)
- Kopfüber an der Turnstange ein Stück Brot schlucken (ältere Kinder, die Jüngeren füttern besser den Erwachsenen) – geht das?
- Mit geschlossenen Augen mit einem Teelöffel probieren: Obst, saure Gurken, Milch, Zucker, ein paar Körnchen (!) Salz, Mehl, Haferflocken etc. Wer erkennt die Lebensmittel am Geschmack?

Sandra Grimm ist Diplompädagogin und Kinderbuchautorin. Sie hält Vorträge im Kindergarten und arbeitet ehrenamtlich in der Kinder- und Jugendarbeit. Außerdem schreibt sie Kinderbücher für verschiedene Altersgruppen, entwickelt pädagogische Spiele und verfasst Vorworte und Ratgebertexte. Sandra Grimm hat drei Kinder im Kleinkindalter, mit denen sie alle Ideen mit viel Spaß ausprobieren kann.

Hilfestellung zu allen Fragen, die Materialien und Kreativbücher betreffen: Frau Erika Noll berät Sie. Rufen Sie an: 05052/911858* *normale Telefongebühren

IMPRESSUM

FOTOS: frechverlag GmbH, 70499 Stuttgart; www.fotolia.de: S. 11 (Andre B.), S. 13 (frogstyle), S. 15 (Henlisatho), S. 20 (David Büttner), S.35 (athurdent), S. 38 (Natalja Kirvele), S. 39 (Martin Pohner), S. 5 oben und 46 (kids.4pictures), S.48 (Yves Damin), S. 58 (VRD), S. 59 (Uwe Annas), S. 65 (ArTo), S. 63 (dragon fang), S. 65 (Fotofreundin), S. 66 (Ella), S. 68 (Julja Sapic), S. 70 (Fotofreundin), S. 72 (Gerhard Seybert), S. 4 und 78 (Martina Stumpp), S. 79 (Uwe Pillat), S. 82 (Thomas Graf), S. 83 (Gorilla), S. 85 (photlook), S. 87 (Paylessimages), S. 93 (kids.4pictures), S. 94 (jeecis), S. 97 (Andreas Hilger), S. 106 (Alena Ozerova), S. 108 (babsi w), S. 110 (sonya etchison), S. 112 (edbockstock), S.113 (FROSCHFELL.de); Fotostudio Ullrich & Co. Renningen (S.10, 50, 57, 96); Lutz Grimm: (S. 21, 28, 34, 42, 44, 55, 71, 80, 86, 88, 92, 99, 100, 101, 104, Fotos Klappe vorne); www.istockphoto.com: S. 8 (acilo-photography), S. 17 (Grafissimo), S. 18 (AngiePhotos), S.26 (XXX Emil), S. 62 (killerb10), S. 90 (patrickheagney); Rena C. Lange, Schwäbisch Gmünd: (S. 40 und 49); Lichtblick, Studio für Werbefotografie GmbH, Laichingen (S. 16, 23, 38, 50, 59, 98, 102); Lichtpunkt, Michael Ruder, Stuttgart (S. 5 unten, 14, 22, 29, 31, 36, 54, 56, 74, 76)

COVER: gettyimages, Emely

ILLUSTRATIONEN: Christine Bietz

KONZEPT: Hannelore Irmer-Romeo, Sandra Grimm, Angela Vornefeld

PRODUKTMANAGEMENT UND LEKTORAT: Angela Vornefeld

COVERGESTALTUNG: Heike Köhl

LAYOUTKONZEPT UND UMSETZUNG: Katrin Röhlig

DRUCK: Grafisches Centrum Cuno GmbH & Co. KG, Calbe

1. Auflage 2011

PRINTED IN GERMANY

ISBN 978-3-7724-5743-2
Best.-Nr. 5743